Egyptische Muziekinstrumenten

Moustafa Gadalla

Egyptische Muziekinstrumenten
door MOUSTAFA GADALLA

INHOUD

1

OVER DE AUTEUR

Moustafa Gadalla is een Egyptisch-Amerikaanse onafhankelijke egyptoloog die in 1944 in Caïro, Egypte werd geboren. Hij heeft een Bachelor of Science-graad in civiele techniek van de universiteit van Caïro.

Vanaf zijn vroege jeugd heeft Gadalla zijn Oud-Egyptische wortels met passie nagestreefd, door middel van voortdurende studie en onderzoek. Sinds 1990 wijdt en concentreert hij al zijn tijd aan onderzoek en schrijven.

Gadalla is de auteur van tweeëntwintig gepubliceerde internationaal geprezen boeken over de verschillende aspecten van de oude Egyptische geschiedenis en beschaving en haar invloeden wereldwijd. Daarnaast exploiteert hij een multimediacentrum voor nauwkeurige, educatieve studies van het oude Egypte, gepresenteerd op een boeiende, praktische en interessante manier die het grote publiek aanspreekt.

Hij was de oprichter van de Tehuti Research Foundation, die later in meer dan tien talen werd opgenomen in het meertalige Egyptian Wisdom Centre (https://www.egyptianwisdomcenter.org). Hij is ook de oprichter en hoofd van de online Egyptian Mystical University (https://www.EgyptianMysticalUniversity.org). Een andere doorlopende activiteit is zijn creatie en productie van podiumkunstenprojecten zoals de Isis Rises Operetta (https://www.isisrisesoperetta.com); binnenkort gevolgd door Horus The Initiate Operette; maar ook andere producties.

2

VOORWOORD

Dit boek is een herziene en uitgebreide editie van het oorspronkelijk gepubliceerde boek, Egyptian Musical Instruments, door Moustafa Gadalla uit 2004.

Deze nieuwe editie gaat verder op en draagt bij aan eerdere teksten van de eerste editie. We hebben ook nog een groot aantal foto's toegevoegd die het tekstmateriaal doorheen het hele boek ondersteunen.

Dit boek toont de rijkdom aan Oude Egyptische Muziekinstrumenten, hun bereik en speeltechnieken; evenals een kort overzicht van de muzikanten en hoe het muzikale orkest de handsignalen en geschreven muzieknotaties volgde. Dit boek bestaat uit vijf hoofdstukken:

Hoofdstuk 1: De Rijkdom van Instrumenten omvat de algemene kenmerken van Egyptische instrumenten en de belangrijkste componenten van het muzikale orkest.

Hoofdstuk 2: Snaarinstrumenten gaat over diverse Oude Egyptische snaarinstrumenten, zoals lieren, tri-gonon (citers), Harpen en tevens de speeltechnieken: Harpen – Speeltechnieken; De Alomvattende Capaciteiten van Oude Snaarinstrumenten met een nek – zoals de kortnekkige luit; De langnekkige

Egyptische gitaren; En gebogen instrumenten [Kamanga, Rababa].

Hoofdstuk 3: Blaasinstrumenten gaat over de eind-geblazen fluit; Dwarsfluit; panfluit; Enkelriet pijp (klarinet); Dubbele pijp; Dubbele klarinet; Dubbele hobo; arghul; Anderen (doedelzak en orgel); En hoorns/trompetten.

Hoofdstuk 4: Percussie Instrumenten beslaat de membranofooninstrumenten zoals drums en tamboerijnen; En de niet-membranofooninstrumenten (idiofoon) zoals percussiestokken, klappers, sistrums/sistra, cymbalen, castagnetten, klokken (belletjes), xylofoon en klokkenspel en menselijke delen (handen, vingers, dijen, voeten, enz.).

Hoofdstuk 5: De Muzikale Optredens zullen de betekenis en rol van de vingers en hun knokkels bespreken bij het produceren en dirigeren van muzikale optredens; Evenals de gevarieerde methoden voor het behoud van de ritmische timing/tempo – inclusief het gebruik van lettergrepen.

Moustafa Gadalla

3

STANDAARDEN EN TERMINOLOGIE

---

1. Doorheen dit boek zullen octaafbereiken volgens het volgende system worden benoemd:

c3 c2 c1 c c1 c2 c3

<— Lagere Octaven –<–|–>– Hogere Octaven—>

2. Hoofdletters (C, D, E, etc.) worden gebruikt voor algemene toonnamen zonder rekening te houden met een specifiek octaafbereik.

3. Het Oude Egyptische woord neter en de vrouwelijke vorm netert zijn door bijna alle academici, mogelijk met opzet, foutief vertaald als god en godin. Neteru (meervoud van neter/netert) zijn de goddelijke principes en functies van de Enige Oppergod.

4. Je kan variaties vinden in de schrijfwijze van Oude Egyptische termen met synoniemen, zoals Amen/Amon/Amun of Pir/Per. Dit komt omdat de klinkers die je ziet in vertaalde Egyptische teksten, slechts een benadering zijn van geluiden, deze worden gebruikt door Westerse Egyptologen om hen te helpen bij het uitspreken van deze Oude Egyptische termen/woorden.

5. Om een neter/netert [god, godin], farao of stad te identificeren,

zullen we de woorden die het best gekend zijn voor Nederlandstaligen gebruiken; gevolgd door andere 'varianten' van zo'n woord/begrip.

Bemerk dat de echte namen van de godheden (goden, godinnen) geheim werden gehouden, zodat de kosmische kracht van de beeltenis bewaard bleef. De Neteru werden benoemd met bijnamen die een bepaalde kwaliteit, eigenschap en/of aspect(en) van hun rol beschreven. Dit geldt voor alle gangbare termen zoals Isis, Osiris, Amon, Ra, Horus, etc.

6. Bij gebruik van de Latijnse kalender, zullen we gebruik maken van de volgende begrippen:

> **BCE** – Before Common Era. (Voor Jaartelling) Ook als BC aangeduid in andere referenties.
> **CE** – Common Era. (Vanaf de Jaartelling) Ook als AD aangeduid in andere referenties.

7. De term Baladi zal doorheen dit boek worden gebruikt om de huidige, zwijgende meerderheid van de Egyptenaren die zich houden aan de Oude Egyptische en enkele Islamitische tradities, aan te duiden. [Zie *Ancient Egyptian Culture Revealed* door Moustafa Gadalla, voor gedetailleerde informatie.]

4

MAP VAN EGYPTE

Hoofdstuk 1 : De Weelde aan Instrumenten

1.1 DE EGYPTISCHE INSTRUMENTEN

De archeologische en traditionele Egyptische muziekgeschiedenis is veel overvloediger aanwezig dan in eender welk ander land. De muurreliëfs van de Oude Egyptische tempels en tombes tonen talrijke soorten en vormen van muziekinstrumenten, de techniek waarmee deze instrumenten werden bespeeld en afgestemd, het ensemble dat ze bespeelt en nog veel meer. Deze muzikale scènes tonen duidelijk de handen van de harpspeler die bepaalde snaren aanslaan en de blaasinstrumentmuzikanten spelen samen enkele akkoorden.

De afstanden van de luitfrets laten duidelijk zien dat de bijbehorende intervallen en toonladders kunnen worden gemeten en berekend. [Een gedetailleerde analyse wordt getoond in een later hoofdstuk in dit boek.]

De posities van de handen van de harpisten op de snaren geven duidelijke verhoudingen aan zoals de Kwint, het Kwart en het Octaaf – wat een onbetwistbare kennis van de wetten over muzikale harmonie onthult.

Het bespelen van muziekinstrumenten wordt ook afgebeeld als zijnde gecontroleerd door de handbewegingen van de dirigenten, die ons ook helpen om bepaalde tonen, intervallen en functies van geluid te identificeren.

De intervallen van Kwart, Kwint en Octaaf kwamen het vaakst

voor in Oude Egyptische representaties. Curt Sachs [in zijn boek, *History of Musical Instruments*] stelde vast dat van de 17 harpisten die vertegenwoordigd zijn in Egyptische kunstwerken (met voldoende realisme en verscheidenheid om betrouwbare verslagen te zijn), er zeven zijn die een Kwartakkoord aanslaan, vijf die een Kwintakkoord aanslaan en vijf die een Octaafakkoord aanslaan.

De harpen die het vaakst afgebeeld zijn, bleken zeven snaren te hebben en volgens de studie van Egyptische instrumenten van Curt Sachs, stemden de Egyptenaren hun harpen in dezelfde diatonische reeks van intervallen.

Een van de twee harpen die afgebeeld zijn in de tombe van Ramses III [hieronder getoond] heeft 13 snaren. Als de langste snaar de proslambanomenos, Re of D vertegenwoordigt, **produceren de overige 12 snaren zonder problemen alle andere tonen, halve tonen en kwarttonen, van de diatonische, chromatische en enharmonische genera; binnen een octaaf.**

Naast de talrijke voorstellingen van muzikale scènes die in tempels en graven uit alle perioden doorheen de dynastische geschiedenis van Egypte worden afgebeeld, hebben we ook toegang tot honderden verschillende Oude Egyptische muziekinstrumenten die in de tombes zijn gevonden. Deze Egyptische instrumenten zijn nu verspreid over musea en privécollecties over de hele wereld.

Het grootste deel van deze instrumenten bleken zorgvuldig en individueel in doeken te zijn gewikkeld, voor ze in de graven werden gelegd.

Al deze bevindingen, samen met de vroege, historische geschriften van het Egyptische muzikale erfgoed, evenals de tradities van de moderne Nijlbewoners, bieden samen het meest authentieke geval van de muzikale geschiedenis van het Oude Egypte.

Helaas hebben de Westerse academici veel van dit DUIDELIJK EGYPTISCHE bewijsmateriaal opnieuw en opnieuw vertekend doorheen de geschiedenis. Als we spreken over het Oude Egypte merken we dat bijna alle westerse academici minachting en afgunst hebben voor deze grote beschaving. De typische westerse academicus zal tegelijkertijd: 1) De Egyptenaren beschrijven als zeer conservatief en zeggen dat ze niet veranderden of evolueerden en dat ze geen verbeelding hadden, enz., en 2) De prestaties uit het Oude Egypte beschrijven als geleend/gestolen/gekopieerd van niet-Egyptenaren. Het is irrationeel dat iemand tegelijkertijd zulke tegenstrijdige argumenten gebruikt.

Het is een feit dat de Egyptenaren (Oude en Baladi) opmerkelijk (soms iets te) traditioneel zijn, wat werd bevestigd door ALLE vroege historici, zoals:

Herodotus zegt in *The Histories*, boek twee, 79:

"De Egyptenaren behielden hun inheemse gewoontes en namen nooit iets uit het buitenland over."

Herodotus zegt in *The Histories*, boek twee, 91:

"De Egyptenaren zijn niet bereid om de Griekse gebruiken, of in het algemeen, die van eender welk ander land, over te nemen."

>> **Verschillende foto's ter ondersteuning van de tekst van deze paragraaf zijn te vinden in de digitale editie van dit boek, zoals gepubliceerd in PDF- en E-bookformaten.**

1.2 ALGEMENE KENMERKEN VAN EGYPTISCHE INSTRUMENTEN

1. De afgebeelde, muzikale scènes in Oude Egyptische graven, evenals gevonden instrumenten uit de Oude en Midden koninkrijken, geven de verhoudingen tussen de open snaren van de harp aan, de dicht geordende fretten op de lange nekken van snaarinstrumenten, evenals de afmetingen tussen de vingergaten in blaasinstrumenten die onthullen/bevestigen dat:

a. Er verschillende soorten muzikale toonladders bekend waren en gebruikt werden.

b. Microtonale toonladers vaak werden gebruikt sinds de vroegst bekende, Egyptische geschiedenis (meer dan 5000 jaar geleden).

c. Speel- en stemtechnieken van snaarinstrumenten de mogelijkheid gaven om de muziekinstrumenten solo of chordaal te bespelen.

d. Speeltechnieken van blaasinstrumenten die het mogelijk maakten om kleine verhogingen en het orgeleffect te spelen.

e. Zowel de cyclische (op-en-neer) methode als de verdelende methode om te stemmen in gebruik waren.

2. De Oude Egyptenaren stonden/staan wereldwijd bekend om hun beheersing van de speeltechnieken van hun muziekinstrumenten. De vaardigheden van de Egyptenaren, in het gebruik van deze instrumenten, werden bevestigd door Athenaeus, die (in zijn teksten [iv. 25]) verklaarde dat *zowel de Grieken als de "barbaren" muziek leerden spelen dankzij Egyptische inboorlingen."*

Ook na de ondergang van het Oude Egyptische Faraonische Tijdperk bleef Egypte het educatieve centrum voor muziek, voor de Arabische/Islamitische landen.

1.3 MUZIKANTEN IN HET OUDE (EN HEDENDAAGSE) EGYPTE

Muzikanten in het Oude en Baladi Egypte waren/zijn hoog aangeschreven. Op de tempelmuren staan zelfs de Oude Egyptische neteru (goden) afgebeeld met muziekinstrumenten. Het beroep van muzikant was een duidelijk teken en praktisch gevolg van de belangrijke functies van muziek in de Egyptische samenleving.

Muzikanten hadden veel verschillende functies. Sommige van hun vele muzikale titels waren onder meer opzichter, instructeur, directeur van de muzikanten, leraar, muzikanten van Ma-at – *Vrouwe van de neteru*, muzikanten van Amon, muzikanten van de Grote Enneade, muzikanten van Hathor, enz. Het beroep van de chironomide (dirigent/maestro) werd ook vermeld in de Oude Egyptische literatuur.

Het muzikale beroep omvatte het hele scala vertegenwoordigers van de tempels en andere maatschappelijke activiteiten. Er waren verschillende, goed opgeleide groepen van zangers en dansers die een set van showregels, geschikt voor de verschillende gelegenheden, leerden en beoefenden.

Diodorus van Sicilië schreef het volgende over Horus Behdety [Apollo] en zijn negen muzen, in *Book I* [18, 4-5]:

> *Osiris hield van gelach en was dol op muziek en dans; Daarom nam hij een groot aantal muzikanten mee, waaronder negen maagden die konden zingen en opgeleid waren in de andere kunsten, deze meiden zijn zij die de Muzen worden genoemd; En hun leider (hegetes), zoals het verhaal gaat, was Horus Behdety (Apollo), die om die reden ook de naam Musagete kreeg.*

Het verslag van Diodorus geeft ons twee interessante punten:

1. De titel van Horus Behdety wordt vermeld als zijnde *Musagete*, wat een Egyptische term is, die muziek betekent. *Musagete/Muse-kate* is niet een Arabisch woord.

2. Het concept van de negen muzen is van Egyptische oorsprong, aangezien het betrekking heeft op Oude Egyptische godheden.

Een groot aantal muzikanten in het hedendaagse Egypte behoren tot de mystieke Soefi-groepen. Zij treden op bij bruiloften, besnijdenissen, de talloze jaarlijkse festivals (mouleds), begrafenissen, enz. Ze zijn allemaal goed gedisciplineerde muzikanten, dansers, recitanten en zangers, net als hun voorouders. Als ze niet blind zijn, treden ze geblinddoekt of met gesloten ogen op.

In de Oude Egyptische muzikale scènes zijn de meeste muzikanten blind, slechtziend of geblinddoekt afgebeeld – om het metafysische aspect van de muziek te verhogen.

1.4 HET MUZIKALE ORKEST

Muziekinstrumenten verschillen in bereik, de sterkte van een enkele noot, accentwaarde, overlevingswaarde, snelheid van articulatie voor een herhaalde noot en hoeveel noten elk instrument tegelijkertijd kan spelen. Daarom werd er een verscheidenheid aan instrumenten gebruikt door de Oude Egyptenaren, om een compleet systeem/bereik van muzikale geluiden te bieden.

Het moet worden opgemerkt dat het overzicht van Oude Egyptische muziekinstrumenten in dit boek beperkt is tot instrumenten die kunnen worden vergeleken met hedendaagse instrumenten.

Sommige van de instrumenten van de Oude Egyptenaren verschillen te veel van de hedendaagse classificatie om hen in een bepaalde categorie te plaatsen.

Muzikale bands varieerden in het Oude Egypte. Kleinere en grotere ensembles werden voor verschillende doeleinden gebruikt, zoals blijkt uit de afgebeelde, muzikale scènes in de Oude Egyptische gebouwen. Uit de basreliëfs van de Oude Egyptenaren blijkt dat hun musici de driedubbele symfonie kenden – de harmonie van instrumenten, stemmen en stemmen met instrumenten. Het bespelen van muziekinstrumenten werd gecontroleerd door de bewegingen van de handen van de dirigenten (chironomiden). Hun handsignalen tonen een verscheidenheid aan speelstijlen: harmonie, akkoord, polyfonie, … enz. zoals vermeld in hoofdstuk 5.

Het Egyptische orkest/ensemble bestond over het algemeen uit de vier instrumentengroepen:

1. Strijkinstrumenten met open snaren, zoals trigonon, lier, harp, enz. [Zie hoofdstuk 2.]

2. Strijkinstrumenten met open snaren, zoals trigonon, lier, harp, enz. [Zie hoofdstuk 2.]

3. Blaasinstrumenten zoals de fluit, pijp, enz. [Zie hoofdstuk 3.]

4. Percussie-instrumenten zoals drums, klappers, klokken, ... enz. [Zie hoofdstuk 4.]

Het volgende hoofdstuk beschrijft gevonden en afgebeelde Oude Egyptische instrumenten, zoals hierboven ingedeeld.

Hoofdstuk 2 : Snaarinstrumenten

2.1 ALGEMEEN

De Oude Egyptische snaarinstrumenten bestaan uit twee groepen:

1. die met open snaren: lieren, harpen, citers, enz. Deze groep wordt meestal gestemd met het oor in een cyclus van kwinten en kwarten. Stemming wordt uitgevoerd door een snaar (C) te selecteren en een andere snaar af te stemmen op het bovenste, Perfecte kwint (G) van deze eerste snaar, dan door een kwart (D) terug naar beneden te gaan, en dan opnieuw een kwint (A) naar boven te gaan, enzovoort. Dit verschil tussen een kwint en een kwart heet een grote, hele toon, wat gelijk is aan 203,77 cent.

2. die met gestopte snaren: instrumenten met goed gedefinieerde nekken, zoals tambouras, gitaren, enz. Deze groep wordt geregeld door de verdelingsmethode van stemming. Stemming wordt bereikt door snaren langs de nek op geproportioneerde afstanden te stoppen (door gebruik te maken van frets), als volgt:

> 1/2 de lengte om het Octaaf te krijgen
> 1/3 de lengte om het Kwint te krijgen
> 1/4 de lengte om het Kwart te krijgen

Er zijn echter lieren, harpen en citers met snaren die af en toe gestopt worden en tambouras met open snaren, zoals uitgelegd in de Ka-nun speeltechniek [later in dit hoofdstuk] en zoals uitgelegd in de harptechnieken later in dit hoofdstuk.

>> Verschillende foto's ter ondersteuning van de tekst van dit hoofdstuk zijn te vinden in de digitale editie van dit boek, zoals gepubliceerd in PDF- en E-bookformaten.

2.2 LIEREN

Ancient Egyptian lyres have a yoke-shaped frame consisting of two arms and a crossbar that projects from the upper side of the body.

Oude Egyptische lieren hebben een jukvormig frame dat bestaat uit twee armen en een dwarsbalk die uit de bovenkant van het lichaam komt.

Er waren twee soorten lieren in het Oude Egypte:

1. Asymmetrische vorm, die twee, divergente, asymmetrische armen, een schuine dwarsbalk en een klankkast heeft.

2. Symmetrische rechthoekige vorm, die twee parallelle armen, een dwarsbalk in rechte hoeken en de klankkast heeft.

De kwaliteit van het geluid van beide types werd beïnvloed door de klankkast, die in principe een vierkante of trapeziumvormige omtrek heeft.

Veel Egyptische lieren waren behoorlijk krachtig, omdat ze 5, 7, 10 en 18 snaren hadden.

Ze werden meestal ondersteund tussen de elleboog en zij en werden met de hand en/of met een plectrum bespeeld. Het plectrum was gemaakt van schildpadschild, bot, ivoor of hout, en werd dikwijls vastgemaakt aan de lier door middel van een koordje.

De talrijke afbeeldingen van lierspeeltechnieken komen overeen met de techniek van de hedendaagse speelwijze. De lier werd schuins of zelf horizontaal, van de speler weg, vastgehouden.

De druk van de vingers spande de snaren aan en veranderde daarmee de toonhoogte. De rechterhand sloeg met een plectrum alle snaren tegelijk aan, terwijl de vingers van de linkerhand, de snaren strekten, en degenen die ze niet wilden, stopten.

De Egyptische lieren hadden een bereik van verschillende octaven, dat de unieke Egyptische muzikale stappen omvatte. Kleinere tonen werden vergelijkbaar met de harpspeeltechnieken geproduceerd die later in dit hoofdstuk worden beschreven.

Er zijn perfect bewaard gebleven houten lieren [nu in het Berlijns en Leidens museum]. In de Leiden collectie worden de twee takken van de lieren versierd met paardenhoofden. Hun ontwerp, vorm, principe en alternerend lange en korte snaren, lijken op enkele lieren die afgebeeld zijn in verschillende Oude Egyptische tombes.

Hier volgen enkele aanvullende voorbeelden van afgebeelde/ gevonden Oude Egyptische lieren:

- Bes, erkend sinds het pre-dynastische tijdperk [voor 3000 BCE], wordt getoond in een bronzen beeldje dat met een plectrum de snaren van een asymmetrische lier aanslaat [nu in het Caïro museum, cat. #41736].

- Een symmetrische lier werd geïdentificeerd door Hans Hickmann in een tombe van de 6de dynastie [2323-2150 BCE, Saqqara].

- Asymmetrische lieren uit het Midden Koninkrijk [2040-1783 BCE] worden afgebeeld in de tombes van Beni Hassan.

- Er werd een asymmetrische lier gevonden die een opschrift had dat gericht was aan Amenhotep I [16de eeuw BCE].

- In de tombe van Kynebu [dateert uit de 12de eeuwse eeuw] is een symmetrische 14-snarige lier afgebeeld, die doet denken aan de overgebleven Oude Egyptische lieren [nu in het Berlijnse en Leidens museum].

2.3 TRI-GONON/TRI-QANON (CITER)

Flavius Josephus verklaarde in zijn volumes *History of the Jews* dat de Oude Egyptische tempelmuzikanten een enharmonisch, driehoekig instrument (Órganon Trígonon Enarmónion) bespeelden. De trigonon bestaat uit twee termen, tri en gonon. De term tri is een indicatie voor de vorm en aard van dit unieke Egyptische instrument, dat is:

- het arrangement van de snaren – in drietallen.

- Elk van de drie snaren heeft verschillende diktes, en alle drie zijn harmonisch gestemd.

De qanûn had een extreem belangrijke rol in Egypte, zoals bevestigd door Flavius Josephus.

- Er is een Oude Egyptische plankciter in het Museum voor Etnologie en Prehistorie [Hamburg, Duitsland].

- Qanûn werd door al-Farabi [10de eeuw CE] beschreven als een instrument van 45 snaren (15 triplets) dat reeds in zijn tijd bestond.

- Er werd nooit beweerd dat de Qanûn een instrument was dat niet van oorsprong Egyptisch was, en Egypte wordt nog steeds gezien als de beste bouwer van dit instrument. De naam van het instrument, qanûn, verschijnt in een van de oudste verhalen van De Arabische Nachten, het verhaal van Ali ibn Bakkar en Shams al-Nahar (169ste nacht), wat aan de 10de eeuw wordt toegeschreven. Een epithet van zijn naam, Missri, geeft aan dat Massr (Egyptische benaming voor Egypte) of Egypte zijn thuisland was.

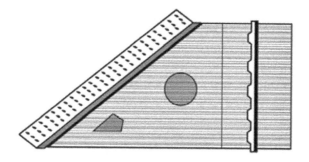

De huidige vorm van de qanûn is een platte doos met een driehoekig lichaam van snaren. Het varieert van 21 tot 28 driedubbele snaren (in totaal 63 tot 84 snaren), maar de meest voorkomende vorm bestaat uit 26 triplets (78 snaren). Elke triplet is harmonisch gestemd.

De snaren worden aangeslagen met een schildpadschildplectrum, die zijn aangebracht op ringen die aan de rechter- en linker wijsvinger worden gedragen. De rechterhand speelt de melodie en de linkerhand verdubbelt het in het onderste octaaf, behalve in passages waar de snaar gestopt wordt om zijn toonhoogte te verhogen. Het instrument heeft afneembare metalen bruggen die onder de snaren kunnen worden geplaatst om hun lengte en dus hun stemming te wijzigen. Speeltechnieken kunnen ook dezelfde technieken voor lieren en harpen volgen [meer details later dit hoofdstuk].

Het Egyptische orkest stemt beide types (cyclisch en verdeeld) van snaarinstrumenten af door gebruik te maken van de Egyptische qanûn (citer). Dit is het instrument waarop andere instrumenten in het orkest worden afgestemd, omdat het beide principes tegelijkertijd volgt: het heeft open snaren die het cyclische systeem van stemming volgen, terwijl de melodiesnaar het verdelende systeem volgt. De melodiesnaar heeft geen daadwerkelijke verhoogde frets, maar wel gemarkeerde stopplaatsen langs het geluidsbord.

2.4 HARPEN

De Oude Egyptische harpen varieerden sterk in vorm, grootte en het aantal snaren. Ze zijn afgebeeld in de oude schilderijen met 4, 6, 7, 8, 9, 10, 11, 12, 14, 17, 20, 21 en 22 snaren.

De harp was speciaal geschikt voor tempeldienst. Het werd zelfs in de handen van de godheden getoond.

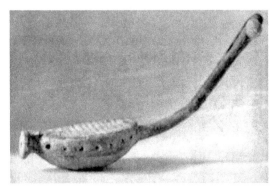

Er waren in principe twee soorten harpen:

1. de kleine, draagbare (schouder) harp (ondiepe boog). Schouderharpen worden in grote aantallen gevonden in musea over de hele wereld. Net als alle instrumenten van deze soort, hadden ze een configuratie die van voor naar achter, van boven naar beneden of omgekeerd kon worden verschoven. Het was een soort ophangstaaf voor de snaren, waardoor de harp snel op verschillende tonen kon worden afgestemd.

2. de grotere, boogvormige harp of hoekharp. Er zijn verschillende variaties van de grote harpen in Egypte, zo verschillen ze in hun structuren en maten, afhankelijk van de

snaarhouder en of deze aan de boven- of onderkant ligt, en of de resonator recht- of gebogen is. [Hier is een scène getoond van het graf van Amenemhet, Beni Hasan, 12de dynastie – c. 1850 BCE.]

Er is nauwelijks een verschil tussen de boog- en de hoekharp, wat hun geluid betreft.

Enkele voorbeelden van gevonden en afgebeelde Oude Egyptische harpen zijn hieronder vermeld:

- De tombe van Debhen uit Gizeh [c. 2550 BCE] toont twee boogharpen, met goed gedefinieerde klankkasten.

- Een enorme boogharp is afgebeeld in een reliëf uit de tombe van Seshemnofer [Gizeh, 5de dynastie, c. 2500 BCE].

- Een boogharp is afgebeeld in een scène uit de tombe van Ti [c. 2400 BCE] in Saqqara.

- Een boogharp is afgebeeld in de Ptah-hotep tombe [c. 2400 BCE]. De scène toont het spelen van een 2-toon [zie ook hoofdstuk 5].

- Een harp is afgebeeld in een reliëf uit het graf van Nekauhor [2390 BCE, Saqqara, nu in het Metropolitan Museum of Art, New York]. De scène toont het spelen van 3-toonmuziek [zie ook hoofdstuk 5].

- 5 harpspelers die polyfoon spelen, zijn afgebeeld in de tombe van Idut, [c. 2320 BCE] in Saqqara.

- De vrouw van de overleden Mereruka [c. 2290 BCE] is

afgebeeld met een grote harp in de tombe van Mereruka in Saqqara. Ze bespeelt twee verschillende snaren van de harp – polyfonie [zie ook hoofdstuk 5].

- In de tombe van Rekhmire, in Luxor (Thebe), is er een boogharp afgebeeld [c. 1420 BCE]. De stempennen zijn netjes afgebeeld in de vorm van een modern trompetmondstuk.

- Een boogharp is afgebeeld in het graf van Nakht [15de eeuw BCE], Luxor (Thebe).

- Er worden twee muzikanten weergegeven die twee grote vormen van de gebogen harp bespelen in de tombe van Ramses III [1194-1163 VC], Luxor (Thebe). Vanwege de twee harpspelers werd dit graf De Harpentombe genoemd en de harpen staan bekend als de *Harpen van Bruce*. We tonen hier 1 harp. [De andere harp wordt later in dit hoofdstuk weergegeven.]

- Ramses III is afgebeeld terwijl hij een harp offert in het heiligdom van de tempel van Medinet Haboe, in west-Luxor (Thebe).

- Ramses III is afgebeeld terwijl hij een harp offert in het heiligdom van de tempel van Medinet Haboe, in west-Luxor (Thebe).

Harp Speeltechnieken

De snaren van harpen werden altijd met de vingers of met een plectrum aangeslagen.

De Oude Egyptenaren waren bekend met een hele reeks speeltechnieken, zoals blijkt uit de tombes uit de hele dynastische geschiedenis van het Oude Egypte. Zowel eenhandige en tweehandige speeltechnieken worden als volgt voorgesteld:

1. Eenhandig Spelen

Bij harpen heeft elke noot, een individuele, 'open' snaar. De eenhandige techniek is gebaseerd op de verdelende methode voor het verkrijgen van muzieknoten, door de snaar op bepaalde, evenredige lengtes te stoppen. Wanneer deze methode wordt toegepast op de harp, manipuleert (verkort) slechts één hand de snaar op een bepaald punt, waardoor de andere hand de verkorte snaar kan plukken (waardoor men een noot verkrijgt).

Om de exacte verhoudingslengte van de snaar te lokaliseren en om te zorgen voor goed contact op dit verhoudingspunt, strekt en drukt een van vingers van de linkerhand de snaar op de verhoudingslengte tegen een staafvormig object (zoals een vingerbord), waardoor de vibrerende lengte van de snaar verkort (gestopt) wordt. De linkerhand werd geleid door frets, dit waren lussen die op bepaalde punten over het vingerbord waren vastgebonden. Deze verkorte lengte van deze bepaalde snaar kan dan worden aangeslagen om het geluid te produceren. Deze eenhandige techniek zorgt voor een onbeperkt aantal noten.

Er zijn veel voorbeelden te zien van harpisten die deze techniek uitvoeren. Ze tonen duidelijk dat de geplukte snaar een lichte hoek vormt. Voorbeelden:

• In een reliëf [hieronder getoond] van tombe 11 in het Luxor (Thebe) gebied [Nieuwe Koningkrijk 1520 BCE] verkort een

Harpisten de snaar met één hand en plukt hij hem met de andere. De gebogen snaar is duidelijk weergegeven.

• In het graf van Idut [c. 2320 BCE], plukken twee van de vijf afgebeelde harpisten enkel met de rechterhand, terwijl de linker de snaar vasthoudt.

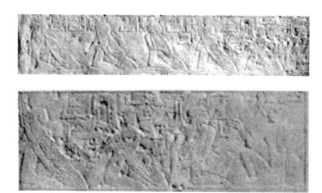

2. Tweehandig Spelen

De tweehandige techniek is gebaseerd op de mogelijkheid om elke open snaar te plukken met een van de vingers van de speler.

Beide handen kunnen de snaren afzonderlijk of tegelijkertijd plukken, d.w.z. een akkoord of polyfonie spelen. Ongewenste snaren kunnen verder worden gedempt (gestopt) met de palm van de andere hand.

De Allesomvattende Mogelijkheden van Oude Egyptische Harpen

De grote verscheidenheid aan Oude Egyptische harpen onthult de rijkdom van hun muziekproductiemogelijkheden. Het volgende overzicht is enkel gebaseerd op de verhouding tussen open snaren.

=> Het moet worden opgemerkt dat veel kleinere muzikale tonen kunnen worden verkregen met de eenhandige speeltechniek, zoals eerder aangegeven.

1. Met harpen van 4 tot 22 snaren, zouden sommige harpen in staat zijn om een breed scala aan noten voor meerdere octaven te produceren. De verhouding tussen de kortste en de langste is 1:3 tot 1:4 (dat wil zeggen 1 tot 2 octaven). Met de eenhandige speeltechniek kan een onbeperkt, aantal, verschillende tonen en octaven verkregen worden.

2. De intervallen van Kwart, Kwint en Octaaf kwamen het vaakst voor in de Oude Egyptische representaties. Curt Sachs [in zijn boek, *History of Musical Instruments*] stelde vast dat van de 17 harpisten die vertegenwoordigd zijn op Egyptische kunstwerken met voldoende realisme en onderscheidbaarheid om betrouwbare gegevens te zijn, er zeven zijn die een Kwartakkoord aanslaan, vijf die een Kwintakkoord aanslaan en vijf die een Octaafakkoord aanslaan.

3. De verhouding tussen de kortste en de langste snaar van verschillende oude Egyptische harpen is ongeveer 2:3. Aangezien dit interval is verdeeld over vijf snaren, verschaft de schaal een bereik van tonen tussen halve en hele tonen. Op harpen met tien snaren, zou dit een gemiddeld interval van een (klein) halve toon geven (90 cent = 4 komma's).

4. Een van de twee harpen gevonden in het graf van Ramses III heeft 13 snaren, waar als de langste snaar de proslambanomenos, Re of D vertegenwoordigt, de overige 12 snaren zonder problemen alle andere tonen, halve tonen en kwarttonen, van de diatonische, chromatische en enharmonische genera; binnen een octaaf, produceren.

De stemming van deze 13-snarige harp kan de vier tetrachords, hypaton, meson, synemmenon en diezeugnenon, met proslambanomenos aan de onderkant verschaffen:

5. De meest afgebeelde harpen bleken zeven snaren te hebben, en volgens de studie van Curt Sachs over de Egyptische instrumenten stemden de Egyptenaren hun harpen in dezelfde diatonische reeks intervallen.

6. Een Oude Egyptische harp met 20 snaren [gevonden in Luxor (Thebe)] toont de pentatonische schaal die door vier octaven loopt. En de harp met 21 snaren [in het Parijs Museum] had dezelfde volgorde van intervallen, met de toevoeging van de sleutelnoot bovenaan.

2.5 TANBOURAS (SNAARINSTRUMENTEN MET EEN NEK)

De tanboura/tamboura is in principe een snaarinstrument met een goed gedefinieerde, lange nek, die gebruikt wordt om de snaar op elk gewenst moment te stoppen, alvorens het aan te slaan.

De tanboura staat bekend onder vele andere "namen", zoals tamboura of nabla. We zullen hier tamboura gebruiken als een gemeenschappelijke naam voor snaarinstrumenten met een gedefinieerde nek. Een dergelijke familie van instrumenten omvat (maar is niet beperkt tot) korte nek-luiten, lange nek-gitaren, ... enz.

Dit type tanboura-instrument is te zien op talrijke muurschilderingen, beeldhouwpanelen, scarabeeën, sarcofagen, en als versiering op vazen en dozen; En in hiërogliefen staat het voor het enkelvoudige kenmerk: goed/mooi.

Een figuur van het tanboura-type instrument is gevonden in de Egyptische hiërogliefen, die dateren van meer dan 5000 jaar geleden. De figuur toont twee, en soms vier, stempennen.

In het Oude Egypte leidde de tanbouras de religieuze processies, wat zijn huidige bijnaam als Koning van de Instrumenten eer aandoet. De tanboura met de korte nek (nu gekend volgens zijn "Arabische naam", oud) blijft dienen voor muzikale instructiedoeleinden, akoestische demonstraties, muzikale theorie en is de hoeksteen van concert-, familie- en volksmuziek, waaronder theater, film en radiopresentaties.

Er waren talrijke vormen en formaten van snaarinstrumenten met een gedefinieerde nek. De neklengte varieerde van het korte type tot heel lange type. De lichaamsvorm varieerde van ovaal tot peer, tot amandel, tot vele andere vormen.

– De Korte Nek

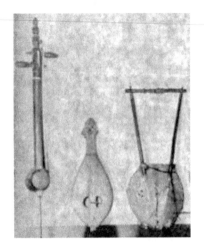

– De Ovaal En Ovale Vorm

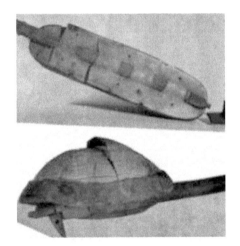

– De Zeer Lange Nek

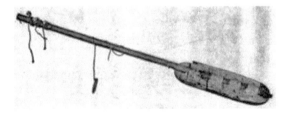

– en het gitaarvormige instrument.

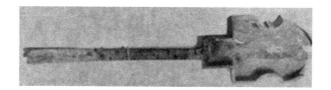

De Oude Egyptenaren gebruikten tanboura-type snaarinstrumenten in een onbeperkte variëteit, die een variatie in geluid en ontwerp verschaft, zoals:

A. Klankkastvormen: De klankkastvormen variëren van een ovaal tot een met zijkanten die licht gebogen zijn als hedendaagse gitaren of violen. Ze hadden ook de vorm van een schildpad of peer, met een plat of licht afgeronde rug. Ze hadden allemaal klankgaten – doorheen de bovenkant of de klankkast van het instrument.

B. Snaren en Stemmen: Stempennen zijn duidelijk weergegeven op de hiërogliefsymbolen. De gevonden instrumenten wijzen op het gebruik van 2-5 stempennen, waaraan meestal kwasten hangen. De stempennen van sommige tanbouras zijn gevormd als de letter T en worden vastgemaakt via de voor- of zijkant. Veel instrumenten werden begraven in de tombes zonder pennen of snaren.

Oude Egyptische tanbouras hadden twee, drie, vier, vijf of zes snaren, die gemaakt waren van catgut, zijde of paardenstaartdraden. Snaren werden geproduceerd in verschillende diktes. Als alle snaren van een instrument dezelfde dikte hadden, was er een stemmingspen nodig voor elke snaar. Wanneer de diktes van de snaren proportioneel varieerden om de verschillende muzikale verhoudingen tussen de snaren te verschaffen, waren er minder stempennen nodig. Daarom kan een stemmingspen meerdere snaren (van variabele diktes) controleren, die samen kunnen worden afgestemd.

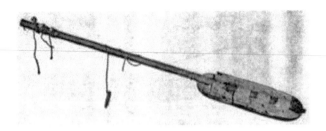

Het tanboura-type instrument werd bespeeld met een plectrum of een strijkstok.

C.Lengte van de Nek: Sommige instrumenten hebben een lange nek zoals een gitaar, of een korte nek zoals een luit of oud. De lengte van de korte nek was zo kort als het lichaam van de resonator. De lengte van de lange nek was zo lang als 120 cm (47 inches), zoals in het instrument van Harmosis.

D. Fretten: De muzikant verkort de trillingslengtes van de snaren door ze tegen de nek te drukken om zo noten met verschillende toonhoogtes te verkrijgen. Om te helpen bij het stoppen van de vereiste, proportionele lengte van de snaar – om een specifieke toonhoogte te leveren – hadden de meeste instrumenten frets in verschillende vormen, om flexibiliteit bij optredens mogelijk te maken.

Aangezien frets de speler beperken tot specifieke posities, hadden snaarinstrumenten die bespeeld werden door goed opgeleide musici, vaak geen frets, zodat de vinger vrij kon glijden langs het vingerbord.

De frets van Oude Egyptische instrumenten zijn ofwel:

1. makkelijk te verplaatsen door de fretbandjes te verplaatsen.

2. waren licht gemarkeerd. De snaren waren dun genoeg en voldoende boven het vingerbord om gemakkelijk de

toonhoogte te verhogen door druk uit te oefenen op het vingerbord.

3. werden slechts op een aantal grote intervallen door bandjes gemarkeerd, om de algemene parameter aan te duiden, en voor zowel begeleiding als flexibiliteit mogelijk te maken. Daarnaast waren er mobiele frets die samen met deze frets het octaaf verdeelden in kleinere stappen, zoals 10, 17, 22 of meer secties. Een voorbeeld wordt hier weergegeven van Nakhtamun in Luxor (Thebe) [14de eeuw BCE, Tombe 341].

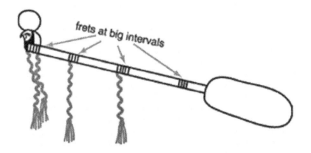

[Zie meer voorbeelden later in dit hoofdstuk.]

4. waren soms beperkt tot de bovenste helft van de nek, of soms verlengd langs de nek naar de klankkast van het instrument. [Enkele voorbeelden worden later in dit hoofdstuk weergegeven.]

De flexibiliteit van frettechnieken zorgt voor:

1. de selectie van een van de drie soorten tetra-akkoorden en kaders [lees *The Enduring Ancient Egyptian Musical System*, of zijn oudere editie zijnde *Egyptian Rhythm: The Heavenly Melodies*; Beide door Moustafa Gadalla].

2. het verhogen van het vermogen van het instrument om verschillende noten te produceren, en dit vermindert derhalve de noodzaak om meer en verschillende

snaarinstrumenten te gebruiken in het muzikale ensemble, om de verschillende tetra-akkoorden en modi te verkrijgen.

Twee-Snarige Tanboura

Twee snaren waren in staat om een groot aantal noten te produceren. Bijvoorbeeld, als deze twee snaren kwarten tot elkaar waren gestemd, zouden we een reeks geluiden, genaamd hepta-akkoord- verkrijgen, bestaande uit twee conjuncte tetra-akkoorden, zoals B, c, d, e; E, f, g, a; En als de snaren van dit instrument in Kwinten werden afgestemd, zouden ze een octaaf produceren, bestaande uit twee disjuncte tetra-akkoorden.

Dit zeer Oude Egyptische instrument (dat lijkt op het hiëroglief symbool) bewijst dat de Oude Egyptenaren de middelen hadden gevonden om hun toonladder uit te breiden en de geluiden van een paar snaren te vermenigvuldigen, op de meest eenvoudige en praktische wijze.

Voorbeelden uit de talrijke Oude Egyptische representaties zijn:

1. Een twee-snarige tanboura met frets is afgebeeld in een muziekscène in Luxor (Thebe) [Tombe 80, ca. 1450 BCE].
2. Een twee-snarig instrument verschijnt in een muziekscène van een tombe in Luxor (Thebe) [Tombe 341, 14de eeuw BCE].

Drie-Snarige Tanboura

Drie snaren waren gebruikelijk voor de Oude Egyptische tanbora-instrumenten.

Ze werden afgestemd op het Kwart, Kwint en Octaaf. Wanneer elke snaar op een Kwart is afgestemd, kan de tanboura een 2-octaaf bereik bereiken.

Een voorbeeld van dit instrument werd gevonden in het graf van Harmosis.

Een van de meest populaire soorten in het Oude Egypte was de te-bouni, een banjoachtig, driehoekig instrument met een maanvormige klankkast en perkamentkop.

Vier-Snarige Tanboura

De Oude Egyptische obelisk [nu in Rome], die werd gebouwd in c. 1500 BCE, toont een tanboura met vier stempennen [hier getoond].

Vier-snarige tanboura-type instrumenten kunnen snaren hebben die allen dezelfde dikte hebben, in dat geval zijn/waren ze in Kwarten afgestemd, om een bereik van een of twee Octaven te krijgen.

Vier snaren met verschillende dikteverhoudingen van 6, 8, 9, 12 (afgestemd in harmonie) kunnen alle benodigde vier toonhoogtes van het Octaaf, Kwart, Kwint en sesquioctaaf (9:8) leveren.

Het 4-snarig instrument blijft populair in het hedendaagse Egypte.

Kort-Nekkige Luit (hedendaagse oud)

De Oude Egyptenaren waren bekend met een soort korte nekluit met een stevige, peervormige klankkast en een breed vingerbord. Het aantal snaren varieerde van twee tot zes snaren. Twee luiten van dit type zijn gevonden in Oude Egyptische tombes in Luxor (Thebe) [gedateerd c. 16de eeuw BCE, Nu in het Berlijns Museum], en zijn 35 cm (14") en 48,5 cm (19") lang. De kleine [hier weergegeven] had 2 of mogelijk 3 snaren. De grotere had 4 snaren.

De meest populaire van dit kort-nekkige luit-type had/heeft vier snaren. Samen met de frets was/is het instrument in staat om het meest populaire 17-interval kader te bieden. Dit instrument is vandaag bekend in de Arabische/Islamitische landen als een Oud.

Naast de bovenstaande Egyptische instrumenten [nu in het Berlijnse Museum], zijn enkele andere voorbeelden van dit Oude Egyptische instrument:

- Een korte nek type luit wordt getoond in een beeldje van een luitspeler [Nieuwe Koninkrijk, c. 3.500 jaar geleden, nu in het Caïro Museum, cat. #773].

- Een beeldje gemaakt van verbrande klei toont een muzikant die een kort-nekkige luit bespeelt [19de-20ste Dynastie, Caïro Museum, cat. #38797].

De Egyptische Gitaren

De Egyptische gitaar bestond uit twee delen: een lange platte nek, of handvat, en een holle ovale klankkast. Afbeeldingen van gitaren zijn te zien in tal van Oude Egyptische tombes uit alle tijdperken.

Vier Oude Egyptische sterk gekerfde, gitaarachtige instrumenten werden gevonden in de Qarara-regio, die dateert uit het Midden Koninkrijk [c. 2000 BCE]. Naast de gitaar in Heidelberg is er een compleet instrument van dat type te vinden in het Caïro Museum, een ander in het Metropolitan Museum of Art in New York en een kleiner in de collectie van Moeck, Celle. Ze zijn ontworpen voor drie tot zes snaren.

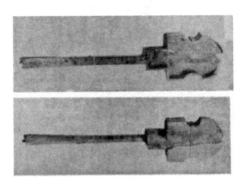

Al deze instrumenten zijn gemaakt uit een stuk, alleen de nekken van de grotere voorbeelden zijn verlengd met verlengingsstukken en alle instrumenten werden voorzien van talrijke frets.

Het komt uit een oud instrument van dit soort, soms cithara/ kithara genaamd, waarvan de moderne naam gitaar (chitarra) komt. Hun sterk verheven en vastgebonden, geluid producerend klankkast was het archetype voor de hedendaagse gitaar.

Een paar voorbeelden van de Tanboura Variëteit

1. Een tanboura-type instrument met zeven frets is afgebeeld in een Oude Egyptische tombe uit het Oude Koninkrijk [ca. 4.500 jaar geleden, nu in het Berlijns Museum]. De performer kon daarom acht verschillende intervallen produceren op elke snaar. De ruimtes tussen de frets zijn in verschillende kleuren geverfd.

2. Lang-nekkige gitaren, gekenmerkt door een lange, uitstrekkende en licht gewoven resonantiekast, zijn afgebeeld in

een muziekscène uit de tombe van Pahekmen. Luxor (Thebe) [Tombe #343], 18de Dynastie [c. 16de eeuw BCE].

3. Een tanboura-type instrument met een nek van 62 cm (25") werd gevonden in Tombe 1389, Luxor (Thebe). [18de dynastie, ca. 16de eeuw BCE, nu in het museum van Caïro, cat. # 69420.] Het lichaam is gemaakt van schildpadschild.

4. Een grote vorm van een lang-nekkig tanboura-type instrument, met een lange nek van 120 cm (47"), werd gevonden in de tombe van Harmosis, [Thebe in Dêr el-Bahari, 16de eeuw BCE, nu in het Caïro Museum, Cat. # 69421]. Het instrument was gemaakt van een houten, half amandelvormige resonator. De drie snaren werden aan de onderkant vastgebonden aan een speciaal gemaakt uitsteeksel. Dan liepen de snaren langs een hoger mechanisme dat heen en weer kon worden verplaatst.

5. Twee tanboura-type instrument bespelers worden getoond op een gedeelte van een muurschildering in de tombe van Rekhmire [c. 1420 BCE, Luxor (Thebe)].

6. Lang-nekkige instrumenten worden bespeeld door een groep in een deel van een processie, afgebeeld in de Tempel van Luxor, vanaf de tijd van Tut-Ankh-Amen [c. 1350 BCE].

7. Een muziekscene uit de tombe van Nebamun [Luxor (Thebe), 15de eeuw BCE, nu in het Britse Museum] toont twee soorten: een lang-nekkige gitaar met een lange amandelvormige resonator en een met een afgeronde resonator. Deze laatste blijkt uit schildpadschild te zijn gemaakt.

Beide instrumenten hier zijn voorzien van een vingerbord. Eén heeft 8 zichtbare frets, die halverwege de nek beginnen. De andere heeft 17 zichtbare frets. [Zie hieronder]

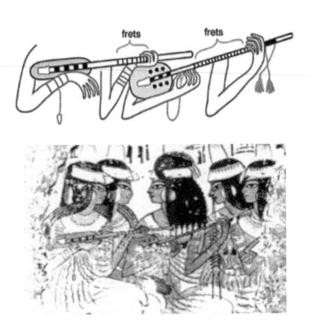

8. Een lang-nekkig tanboura-type instrument is afgebeeld in Luxor (Thebe) [Tombe 52, 15de eeuw BCE], genoemd naar Nakht. Het instrument heeft negen frets op zijn lange nek, gemarkeerd met bandjes. Dit instrument biedt een bereik van een 10-intervalkader.

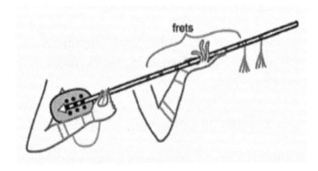

De afmetingen van de zichtbare (niet geblokkeerd door de hand van de speler) afstanden tussen sommige afgebeelde frets geven de volgende intervallen (in cent): 134-114-341-202-272, dat wil zeggen 6-5-15-9-12 Egyptische komma's. De gemeten intervallen zijn opnieuw in overeenstemming met de Egyptische muzikale komma als meeteenheid. Het toont ook het tweelingoctaaf systeem, een komma uit elkaar.

Gebogen Instrumenten (Kamanga, Rababa)

Er zijn verschillende soorten en vormen van gebogen instrumenten, maar ze volgen allemaal het principe van de vrij bewegende resonantiesnaren die kunnen worden gebogen of geplukt. Gebogen instrumenten hadden 1, 2, 3 of 4 snaren. Twee en vier snaren komen het vaakst voor.

De snaren van de instrumenten, evenals de bogen, zijn gemaakt van paardenstaarthaar. Paarden hebben een belangrijke rol gespeeld in het muzikale leven van het Oude en Baladi Egypte. Verschillende Oude Egyptische instrumenten zijn versierd met paardenfiguren. Het haar van paardenstaarten – overvloedig en beschikbaar voor iedereen – werd/wordt gebruikt om muziek te produceren.

De typische manier van het bespelen van alle soorten en maten van gebogen instrumenten door de Oude en Baladi Egyptenaren wordt uitgevoerd door de klankkast van het instrument op de dij of op de vloer te laten rusten, en niet onder de kin, hoe klein het instrument ook is. De Egyptische manier zorgt voor meer controle en het vermogen om het instrument te draaien (pivoteren) om de exact gewenste toonhoogte en de duur ervan te produceren.

Oude Egyptische Tombes tonen deze Egyptische stijl van het bespelen gebogen instrumenten. In de tombe van Rekhmire [15de eeuw BCE, Luxor (Thebe), Tombe # 100], wordt een vrouwelijke muzikant afgebeeld die het snaarinstrument buigt.

Een soortgelijke scène wordt gevonden in een ander graf, waar het instrument op de dij van de speler rust.

Gebogen instrumenten heten kamanga. Ze hadden/hebben vierkante of rechthoekige klankkasten en deels afgeronde ruggen. De vorm en structuur van de kamanga is hetzelfde als de hedendaagse viool.

Gebogen instrumenten met twee snaren worden junior kamanga of ra-ba-ba genoemd – een Egyptische term die staat voor de Tweeling Ziel (ba-ba) van de Schepper (Ra). De Tweeling Ziel (ba-ba) is vertegenwoordigd door de twee snaren.

De rababa is een viooltje met een lange fretloze nek en kan worden geplukt of gebogen. Het heeft een kort, smal en bekervormig lichaam.

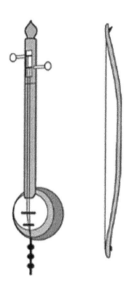

Rababas zijn erg goedkoop om te maken aangezien zowel de snaren als de boog zijn gemaakt van paardenstaarthaar. De resonerende klankkast kan een gesneden kokosnootschil of hout zijn.

De bogen van rababa en kamanga zijn gemaakt van een flexibele, elastische, licht gebogen staaf en paardenhaar.

Gebogen instrumenten (zoals kamanga en rababa) begeleidden/begeleiden verhaalvertellers in Egypte, omdat hun geluiden van alle instrumenten het dichtst bij de aard van de menselijke stem staan.

>> **Verschillende foto's ter ondersteuning van de tekst van dit hoofdstuk zijn te vinden in de digitale editie van dit boek, zoals gepubliceerd in PDF- en E-bookformaten.**

Hoofdstuk 3 : Blaasinstrumenten

De Oude Egyptische blaasinstrumenten kunnen over het algemeen worden ingedeeld in:

1. Instrumenten waarbij de wind trilt in een holle buis, zoals de fluit, de enkele pijp, gewone pijpen van het orgel, etc.

2. Instrumenten waarin een enkel riet trillingen veroorzaakt, zoals: klarinet, basklarinet, rietpijpen van het orgel, etc.

3. Instrumenten waarin een dubbel riet trillingen veroorzaakt, zoals de hobo en een dubbele buis.

4. Instrumenten waarin elastische membranen trillen in een luchtkolom (lippen in een mondstuk), zoals: trompet, trombone en tuba.

De meeste pijpen hebben vingergaten op gelijke afstanden. De verschillende toonladders en noten worden door de grootte van de gaten, de ademhaling, de vingerzetting of een speciaal apparaat geproduceerd, maar ook de speeltechnieken, die later in dit hoofdstuk worden beschreven, zijn van belang.

3.1 DE MAGISCHE NEY (EIND-GEBLAZEN FLUIT)

Neys zijn gemaakt van rietplanten, die overvloedig groeien langs de oevers van de vele irrigatiekanalen in de Nijlvallei. Uit deze zeer eenvoudige plant konden/kunnen de Egyptenaren (toen en nu) een ongelooflijke bereik van tonen verkrijgen. Geen enkel ander instrument had/heeft een meer immaterieel geluid, een zoetere sostenuto en een meer oprechte vibrato.

De Egyptische (oude en hedendaagse) ney verschilt van de gewone hedendaagse fluit op twee manieren:

1. De ney wordt uitsluitend uit riet vervaardigd en de fluit is gemaakt van hout of metaal.

2. De ney wordt aangeblazen aan het uiteinde, terwijl de fluit heeft slechts één uiteinde en wordt aangeblazen via een zijgat.

Er zijn ook verschillen tussen de ney (eind-geblazen fluit) en andere fluiten, nl. de lengte, het aantal en de locatie van de vingergaten, etc.

De geluiden van de Egyptische nay worden geproduceerd door te blazen door een zeer kleine opening van de lippen tegen de rand van de opening van de buis en de wind doorheen de buis te stuwen. Door het openen en sluiten van de vingergaten, de resulterende variatie verandert hoe lang de lucht in de kolommen is, wat zorgt voor de verschillende toonhoogtes. De resulterende geluiden zorgen voor de melodieën – door stappen en sprongen, stevig en verlangend, staccato, legato, in zachte pulsaties en levendige cascades.

De Egyptische ney (eind)geblazen fluit) is weinig veranderd in uiterlijk in de loop van de Egyptische geschiedenis. Het is één van de meest populaire instrumenten in Egypte vandaag.

Neys worden in zeven verschillende lengten gemaakt, tussen 37½ en 68 cm (14,8″ en 26,8″). Het vervaardigen en meten van de vingergaten van de hedendaagse Neys (eind-geblazen fluiten) voldoen nog steeds aan dezelfde principes als dat van het Oude Egypte, namelijk:

1. Ze zijn altijd gesneden uit het bovenste deel van het rietplant.

2. Elk ney bestaat uit negen verbindingen/gewrichten.

3. Elke ney heeft zes openingen aan de voorzijde en een gat aan de achterkant. De typische lay-out van de vinger- en duimgaten worden hieronder weergegeven:

De Egyptische fluit (ney) wordt beschouwd als een verticale fluit. De verticale-type fluiten hebben/hadden meer muzikale mogelijkheden dan de whistle fluiten. Doordat hij in staat was om de blaashoek tegen de rand te variëren, kon de speler meer uitdrukking geven aan de toon.

De Neyspeler (eind-geblazen fluit) stuurt het instrument (in beperkte mate) naar rechts, links en recht vooruit, zoals hier getoond. De spelers waren/zijn in staat om eindeloze tussennoten te verkrijgen door meer of minder lucht te blazen.

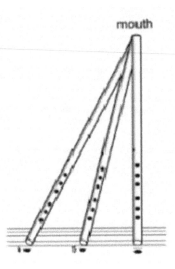

mouth

Door met meer of minder kracht te blazen zijn de geluiden een octaaf hoger of lager. Door de techniek van overblazen, heeft de muzikant een bereik van meer dan drie octaven.

De speler vereist een aanzienlijke finesse. Om elke gewenste toon te bereiken, moet de speler controle hebben en kunnen coördineren en manipuleren: de kracht en richting van zijn adem; de spanning van zijn lippen; de beweging van zijn tong; de positie van de lip en het hoofd, evenals het openen of sluiten van de vingergaten in verschillende combinaties.

Aangezien één ney (eind-geblazen fluit) met een bepaalde lengte slechts een beperkt aantal muzikale toonhoogtes kan leveren, gebruikten/gebruiken de Egyptische musici (vroeger en nu) een reeks van zeven verschillende lengtes van Neys, om de tonaliteit en/of de toonhoogte te veranderen door middel van het verhogen of verlagen van de tonen. Een reeks van zeven Neys vullen elkaar aan en geven een volledig en compleet bereik van heel veel kleine noten in het bereik van verschillende octaven.

De speler gebruikte/gebruikt een reeks van zeven fluiten met verschillende lengtes, die vastzaten in een behuizing, om aan alle tonale eisen te voldoen. De zeven lengtes van de Egyptische Neys (eind-geblazen fluiten) zijn: 68, 60, 54, 51, 44½, 40½, en 37½ cm (26,8; 23,6; 21,3; 20,1; 17,5; 15,9; en 14,8 inches).

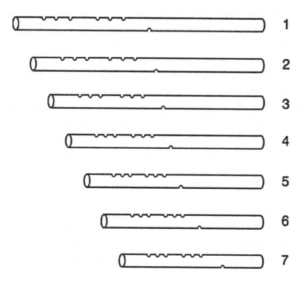

De Oude Egyptische fluiten uit de tempels van Armant III, uit het Midden Koninkrijk tijdperk [20ste eeuw BCE], geven (volgens C. Sachs) intervallen (in cent) van (11 Egyptische komma's), 316 (14 komma's), 182 (4 komma's) met een totaal bereik van een natuurlijke Kwint van 702 cent (31 komma's).

De metingen tussen de vingergaten van de onderzochte, Oude Egyptische Neys (zonder rekening te houden met de verschillende speeltechnieken) onthullen dat verscheidene toonladders met kleine stappen bekend waren, met intervallen kleiner dan ¼ toon (gelijk aan twee Egyptische muzikale komma's).

Verschillende van deze Oude Egyptische instrumenten zijn verspreid in musea en privécollecties Over de hele wereld. Enkele voorbeelden van gevonden en/of afgebeeld Neys zijn onder andere:

• Een leipalet [ca. 3200 BCE, nu in het Ashmolean Museum in de collectie van 48 Egyptische Muziekinstrumenten in

Oxford] toont een aantal dieren. Onder hen is een jakhals, die een Ney bespeelt (eind-geblazen fluit).

- Tombe van Nencheftka, Saqqara [5de Dynastie c. 2400 BCE, nu in het Caïro Museum] toont een ney-speler.

- Verschillende verlengde Neys (eind-geblazen fluiten) van Saqqara [nu in het Caïro Museum, cat. # 69815 en 69816].

- Een reliëf van de tombe van Nekauhor in Sakkara [2390 BCE, nu in het Metropolitan Museum of Art in New York].

- Representaties in verschillende tombes in Luxor (Thebe), tijdens de 18de dynastie.

De Egyptische nay was/is belangrijk voor functies gerelateerd aan wedergeboorte/vernieuwingsthema's. De nay (fluit) blijft haar mystieke betekenis behouden. De meest voorkomende ney van de moderne Egyptenaren staat bekend als de Derwisj ney – Omdat het wordt bespeeld door de mystieke gemeenschap van Derwisj – om de zingende en dansende leden te begeleiden tijdens hun mystieke activiteiten.

3.2 DWARSFLUIT

Egyptenaren waren bekend met dwarsfluiten, welke werden/ worden aangeblazen vanaf de zijkant en horizontaal worden gehouden.

Het gebruik van de dwarsfluit is aanwezig in de Oude Egyptische muzikale scènes sinds de 4de dynastie [2575-2465 BCE], zoals in de bovenstaande scène uit een tombe bij de Gizeh piramides.

Verscheidene andere voorstellingen zijn te vinden in de Oude

Egyptische tombes, zoals een illustratie van een Egyptische dwarsfluitspeler [nu bij de Pelizaeus Museum in Hildesheim].

Het Oude Egyptische instrument had een uitstekend mondstuk, dat werd gebruikt om de adem gelijkmatig te verdelen en functioneert dus als een windkamer.

Sommige Oude Egyptische dwarsfluiten gemaakt van brons met de bovengenoemde mondstukken, zijn ondergebracht in het Museum van Napels. Andere soortgelijke fluiten werden gevonden in het zuiden van Egypte, nabij Meroe.

3.3 PANFLUIT

Panfluiten waren/zijn een set gegradueerde buizen, meestal zeven, elk lijkt op een eenvoudige, verticale fluit. Elke pijp was/ is dichtgemaakt aan de onderkant en heeft geen vingergaten. Ze waren allemaal samengehangen om een soort vlot te vormen. De bovenste uiteinden vormden een horizontale lijn, zodat de speler zijn mond kon verschuiven langs de fluiten afhankelijk van welke noot hij nodig had.

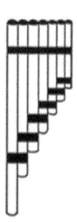

Verschillende Oude Egyptische schepen voor gewijde olie of cosmetica bleken te zijn gevormd als panfluiten. Ze dateren uit het Nieuwe Koninkrijk, wat bewijst dat deze instrumenten reeds bestonden in die tijd.

Relatief weinig instrumenten van dien aard zijn opgegraven. Een goed bewaard gebleven panfluit werd opgegraven in een Sobek tempel in Fajoem. Een andere panfluit is afgebeeld in *Objects of Daily Use*, door Flinders Petrie.

3.4 ENKELRIETPIJP (KLARINET)

Allerlei soorten pijpen werden/worden gemaakt van rietplanten, die overvloedig aanwezig zijn nabij de Egyptische irrigatiekanalen.

De Egyptische enkelrietpijp (klarinet) bevat een riet nabij de bovenste opening die trilt wanneer men direct in het gat blaast doorheen de pijp. De lucht wordt via een houten of ivoren bek geleid, tot op een scherpe "lip" die in de buis zelf is gesneden.

De Egyptische enkelrietpijp was even oud als de ney (fluit). Het was een rechte buis, zonder verhoging aan het mondstuk. De rietpijpen verschillen van de ney in de bouw: zoals lengte, aantal gaten, etc.

Er zijn twee Egyptische enkelrietpijpen [nu in het British Museum] die 23 en 38 cm (9 en 15 inch) lang zijn, en anderen [nu in de collectie van Leiden] die variëren in lengte van 18 tot 38 cm (7 tot 15 inch).

Pijpen hadden/hebben vingergaten op gelijke afstanden. Sommige van deze rietpijpen hebben drie gaten, anderen vier, zoals het geval is bij 14 Oude Egyptische pijpen die momenteel te bezichtigen zijn in Leiden. Met het oog op het produceren van een toonladder, moet de performer de grootte van het gat, de adem en de vingerzetting controleren of andere speciale speeltechnieken gebruiken.

De verhouding tussen de vingergaten (zonder rekening te houden met andere speltechnieken) levert de volgende intervallen op voor Egyptische instrumenten, zoals nu in:

- het Leidse Museum [#475 en 477] – 12:9:8:7:6 twaalfden;
- Torino [#8] en Berlijn [#20667] – 12:11:10:9:8 twaalfden;
- Torino [#12] – 14:12:11:10:9:8:7 veertienden;
- Torino [#11] – 11:10:9:8:7:6 elfden.

3.5 DUBBELE PIJPEN

Verschillende Oude Egyptische rietpijpen en dubbele pijpen werden gevonden in tombes en zijn nu verspreid in musea over de hele wereld. De dubbele pijpen in het Oude Egypte kwamen in verschillende soorten, sommigen hebben slechts één mondgat en anderen hadden er twee, maar ze stonden zo dicht bij elkaar dat de speler de mogelijkheid had om door beide pijpen tegelijkertijd te blazen. Het mondstuk van een pijp bestaat uit een dunne pijp, gesloten aan de bovenkant. Een tong werd in de buis gesneden en deze trilde in de mond van de speler.

De pijpen zijn ofwel even lang, ofwel is een korter dan de andere. Ze worden tegelijkertijd aangeblazen en in koor bespeeld. Soms heeft één pijp vingergaten, terwijl de andere dit niet heeft. Soms diende één pijp als een dronebegeleiding en werden de gaten afgesloten met was. De Egyptenaren staken soms kleine pinnen of buizen in sommige van de vingergaten, om de volgorde van de intervallen of de wijze waarop zij werden bespeeld te reguleren.

Als de plaatsing van de vingergaten (en dus de tonen) niet volledig met elkaar overeenkomen, zijn er bepaalde blijvende effecten, maar ook scherpere en indringendere tonen dan het geval is met gewone instrumenten. Dit dronespel wordt bevestigd door drie feiten: de bijzondere regeling van de vingers van de spelers in Egyptische kunstwerken; de huidige praktijk in Egypte; het uitgraven van een pijp waarbij alle vingergaten op één na zijn afgesloten met was.

Pijpen met veel vingergaten werden gebruikt voor het spelen van melodieën, de andere voor de productie van een begeleidende toon vergelijkbaar met het gedreun van de doedelzak. Daarom zijn er verschillende speeltypes voor de dubbele pijp:

1. Alternerend spelen,
2. Octaaf spelen,
3. Een melodie met een "pedaal" boven of onder,
4. "Duet spelen", dat wil zeggen het gelijktijdig uitvoeren van twee melodieën ofwel ritmisch verschillend of verenigd.

Het mystieke Egyptische Soefibroederschap van de Derwisjen is gespecialiseerd in het spelen van de dubbele pijpen.

Hieronder volgt een overzicht van de verschillende types van de dubbele pijpen van het Oude (en huidige) Egypte:

a. Dubbele klarinet is de algemene naam voor het instrument bestaande uit twee buizen van gelijke lengte, parallel aan elkaar en met elkaar verbonden. De buizen zijn gemaakt van de overvloedige rietplanten.

De dubbele klarinetten worden afgebeeld op reliëfs [uit 2700 BCE]: zoals in de tombe van Nencheftka [5de Dynastie, Saqqara, nu tentoongesteld in het Caïro Museum, cat. #11533, hier getoond]

Het reliëf toont een dubbele klarinet bestaande uit twee stokken, van gelijke lengte en identiek gesneden. Deze representatie is exact hetzelfde als een *zummara* – een populair Egyptische instrument dat wordt gebruikt in de hedendaagse volksmuziek. De positie van de vingers en de houding tijdens het spelen komen overeen met de hedendaagse muziekpraktijken.

De oude (en huidige) dubbele klarinet van Egypte bestaat uit twee stokken, gelijmd en aan elkaar vastgebonden en voorzien van equidistante en symmetrisch aangebrachte vingergaten (4, 5, of 6) in elk riet; kleinere stokken worden in de boveneinden gestoken, waaruit de slaande tong is gesneden door middel van een driezijdige spleet. De speler sluit de overeenkomstige gaten van beide buizen gelijktijdig met één vinger en terwijl de gaten, die ruwweg ingesneden zijn op het oneffen, licht verschillende noten produceren, is het effect een pulserend geluid: zoals in het moderne occidentale orgelregister, Unda Maris.

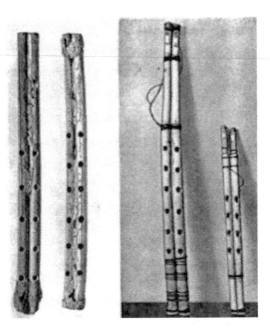

Zoals in het glasblazen, ademt men uitsluitend door de neus, terwijl de mond een constante luchtstroom uitstoot. Een ander type van blazen wordt gebruikt voor de modificatie van timbre en kracht en het geluid wordt uitgebracht met onveranderlijke kracht en schrilheid.

De Egyptische dubbele klarinet komt voor in twee varianten, gebaseerd op de stijl van het mondstuk:

1. de *zummara*, waarbij het trillende riet uit het ondereinde

van het mondstuk is gesneden. Deze versie laat de articulatie van hoge noten toe, verkregen door het instrument in een horizontale positie te houden en te overblazen.

2. de *mashurah*, waarbij het riet uit het boveneinde is gesneden. Het instrument wordt in een neerwaarts hellende hoek gehouden, en produceert dus lagere noten.

Enkele voorbeelden van gevonden en/of afgebeeld rietpijpen zijn hieronder vermeld:

- De dubbele klarinet is afgebeeld in Oude Egyptische muzikale scènes sinds het Oude Koninkrijk [4de Dynastie].

- Een dubbele klarinet in een reliëf in het graf van Nekauhor [Saqqara, 5de Dynastie, nu in het Metropolitan Museum of Art in New York].

- Een dubbele klarinetspeler wordt afgebeeld in de tombe van Imery [Gizeh, Oude Koninkrijk, 5de Dynastie]. De houdingen, speeltechnieken, evenals het aantal vingergaten worden getoond. Een van deze gaten wordt gezien bij de wijsvinger van de wijd gestrekte rechterhand van de speler.

- Een 31 cm (12″) lange dubbele klarinet uit het Nieuwe Koninkrijk Tijdperk [nu in het Caïro Museum, cat. #69837 en 69838].

b. Dubbele Hobo is de algemene naam voor het instrument bestaande uit twee rietpijpen van gelijke lengte in divergente posities. Elke pijp heeft een riet dat trillingen veroorzaakt. Het resultaat is een soort polyfonie met heterofone expressie.

Er zijn veel afbeeldingen in de Oude Egyptische tombes, die dit instrument detailleren. Sommigen tonen de speler terwijl hij een gat afsluit op elke pijp door er zijn vinger over te strekken.

Bewaard gebleven Hobo's, sinds het Oude Koninkrijk, werden gevonden in kisten, die elk een set van verschillende lengtes bevatten – van 20 tot 60 cm (8 tot 24 inch). Het aantal openingen varieert van 3 tot 7 tot 11.

Hedendaagse, Egyptische hobospelers beschikken, net als hun voorouders, over meerdere instrumenten, die ze samenhouden als een set in een kist, om aan alle eisen van hun tonale repertoire te kunnen voldoen.

Enkele voorbeelden van gevonden en/of afgebeelde hobo's zijn onder andere:

- Een kokervormige kist, ontdekt in de buurt van Dier el-Bakhit [tombe nr. 37, Luxor (Thebe), Nieuwe Koninkrijk, nu bij het Museum van Caïro, cat #69836] bestaande uit zes hobopijpen (drie dubbele hobo's). De gevonden kist bevatte fragmenten van het mondstuk – "hobovellen" gemaakt van stro. Om aan alle eisen van de tonale optredens te voldoen, plaatste de speler kleine waxbolletjes in de onnodige vingergaten. Aantal vingergaten van deze hobo bevatten nog steeds deze vulling, en zelfs een stukje was werd in een kist gevonden.

- Een dubbele hobo [hieronder getoond] is weergegeven in de tombe van Nakht [Luxor (Thebe), gedateerd uit de 15de eeuw BCE]. Het instrument heeft een verschillende vingergaten – sommige zichtbaar, andere zijn bedekt door de handen van de muzikant.

- Een muurschilderij van een 18de dynastie (1425-1375 BCE) tombe [Luxor (Thebe), nu in het British Museum, # 37948] toont een dubbele hobo, het toont de donkerbruine kleur van de hobopijpen, verschillend van het licht gele mondstuk van stro.

In feite werd de hobo vroeger aangeblazen met "strovellen", zoals blijkt uit de opgegraven instrumenten.

c. Arghul is de naam van het instrument bestaande uit een dubbele klarinet met pijpen van verschillende lengtes, evenwijdig aan elkaar en aan elkaar geregen. Eén pijp is veel langer dan de andere. De langere pijp dient als een drone en zorgt voor een verlengd orgelpunt. De kortere pijp zorgt voor het melodietype.

Een van de rietpijpen van de *arghul* bevat helemaal geen vingergaten of een aantal dat aanzienlijk minder is dan de melodiepijp.

De bourdonbuizen zijn enkele yards/meters lang en kunnen, naargelang de wil van de speler, worden verlengd door meestal twee verlengingen, om van de ene modus naar een andere over te schakelen. Toegevoegde extensies bepalen de grootte van het instrument (kleine, middelgrote of grote instrumenten), evenals het aantal vingergaten (vijf, zes of zeven).

Net als het geval is bij de dubbele klarinet, zijn er twee versies van arghul mondstukken: de *zummara* en de *mashurah*.

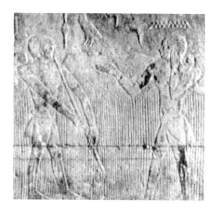

d. Anderen

Het principe en de speelmethode van het spelen van de dubbele buizen is ook van toepassing op de doedelzak, prototypes van de doedelzak dateren uit het Oude Egypte.

De Oude Egyptenaren hebben ook het orgel ontwikkeld en gebruikt (in zijn pneumatische en hydraulische vorm).

>> Verschillende foto's ter ondersteuning van de tekst van deze paragraaf zijn te vinden in de digitale editie van dit boek, zoals gepubliceerd in PDF- en E-bookformaten.

3.6 DE TWEELINGHOORNS/TROMPETTEN

Horens/trompetten bestonden in het Oude Egypte sinds zeer

vroege tijden. In het algemeen, kwamen trompetten in het Oude Egypte steeds voor in paren. Met de typische twee hoorns: een die klonk bij zonsopgang, de andere in de schemering.

Buq/buk is een Egyptisch (niet Arabisch) woord dat mond bekent. Het was uit de goddelijke mond (Ra) dat het goddelijke geluid (Thoth) kwam, met de harmonische reeks (over- en ondertoon-serie). De min of meer conische hoorn (Albuq) leeft verder in Spaanse termen: *alboque, alboquea of albuquea*.

De Egyptische trompet was recht, zoals de latere Romeinse tuba, of de hedendaagse trompet. Het Oude Egypte had een verscheidenheid aan trompetten. Ze waren over het algemeen 60-90 cm (2-3 feet) lang en vervaardigd van messing of brons, met mondstukken, en met fakkels of "belletjes" aan het andere uiteinde.

De hoorn/trompet wat geen "militair" instrument. De geluiden van de hoorns/trompetten waren gerelateerd aan wedergeboortemotieven – een overgang van de ene fase naar de andere. Dus werden/worden ze als volgt gebruikt:

- Toen en nu, tijdens begrafenisprocessies om de overledene "wakker te maken" (herrijzen). Zoals het werd toegeschreven aan Osiris, het principe van de herrijzenis.

- Ter gelegenheid/aankondiging van zowel de nieuwe dag (bij schemering) en aan het einde van de nacht (bij zonsopgang). Twee verschillende hoorns voor twee verschillende, maar complementaire doelen. Ze werden beide gebruikt in de tempelrituelen.

- Om wedergeboorte te vieren, zoals bij Nieuwjaar.

Sommige gevonden en afgebeelde trompetten zijn onder andere:

- Een trompettist in de Kagemni tombe [c. 2300 BCE, Saqqara].
- Een muurschilderij van de tombe van Nebamon [Luxor (Thebe), Tombe 90, c. 1410 BCE] toont een trompettist die een rouwstoet voorafgaat.
- Zilveren en gouden (misschien koperen) trompetten, van het graf van Toet-Anch-Amon [1361-1352 BCE, nu in het Caïro Museum, cat. #69850 en 69851]. De trompetten [hier getoond] werden van elkaar gescheiden gevonden.

De zilveren trompet meet 57,1 cm (22,5"), terwijl de koperen enkel 49,5 cm (19,5") lang was. Beide eindigde met fakkels of "bellen". De verhouding tussen de lengtes van de twee trompetten 8:9 – de perfecte toon.

- Een trompettist van de Apet (Nieuwjaar) processie wordt afgebeeld in een reliëf van de tempel van Luxor, vanaf de tijd van Toet-Anch-Amon [1361-1352 BCE].

Hoofdstuk 4 : Percussie-instrumenten

Percussie-instrumenten kunnen worden gecategoriseerd onder membrano- en niet-membranofoon instrumenten, dat wil zeggen of er al dan niet een huid of perkamenttype vel wordt gebruikt.

>> Verschillende foto's ter ondersteuning van de tekst van dit hoofdstuk zijn te vinden in de digitale editie van dit boek, zoals gepubliceerd in PDF- en E-bookformaten.

4.1 MEMBRANOFOON INSTRUMENTEN

a. Drums

Het Oude Egypte had een rijkdom en verscheidenheid aan trommels van verschillende vormen, maten en functies. Sommige met een huid aan één of beide zijden. Sommigen werden beslagen met stokken, anderen met de vingers en handpalmen.

We kennen drie belangrijke soorten van de Oude Egyptische trommel.

1. Cilindrisch. Dit soort trommel komt niet voor op de muren van tombes of tempels (bewijs dat de verscheidenheid van Oude Egyptische instrumenten niet beperkt is tot de afgebeelde muzikale scènes in de tombes en tempels). Enkele echte drums werden gevonden in de Oude Egyptische tombes. Een trommel [hier getoond, nu in het Berlijnse museum] is 46 cm (1½ ft.)

hoog en 61 cm (2 ft.) breed. Net als andere soortgelijke trommels, waren er riemen ter ondersteuning, en deze riemen konden vaster of losser worden gemaakt.

Het werd met twee trommelstokken licht gebogen beslagen. Egypte had ook rechte trommelstokken met een handvat en een knoop aan het einde. Sommige van deze zijn nu te vinden in het Berlijnse Museum.

2. Kleine handtrommel – langwerpige tonvorm die 61-91 cm (2-3 ft.) lang is en bedekt is met perkament aan beide uiteinden. De performer kon met zijn handen, vingers of knokkels de trommel aan beide uiteinden beslaan.

3. Enkelvellige trommel, dit is een kleiner type. Dit type werd ook zelden afgebeeld in tombes. Er zijn twee soorten van deze trommel. De eerste soort is de aarden tabla/*darabukkah* (zogenaamde Darboeka). Het is gewoonlijk 46 tot 61 cm (1½ ft.

tot 2 ft.) lang. De andere soort is gemaakt van hout, ingelegd met parelmoer en schildpadschild, bedekt met een stukje vissenhuid naan het grotere uiteinde, het is open aan het kleinere uiteinde en ongeveer 15 inch (38 cm) lang.

Het membraan wordt met beide handen beslagen. Trommelen met de blote handen, knokkels en vingers werd in Egypte geperfectioneerd in techniek, verscheidenheid van timbre en complexiteit van ritme. Een goede tabla/darabukkah/darboeka speler moet, net als een tamboerijnspeler, het gehele ritmische patronen repertoire (timing – het tempo aangeven) beheersen.

De speler produceert de zware hoofdbeats, net als met de lijsttrommel, in het midden, terwijl de licht secundaire slagen worden geproduceerd nabij de rand. Door het geluid op deze manier te differentiëren is de trommelspeler in staat om de ritmische timing aan te geven.

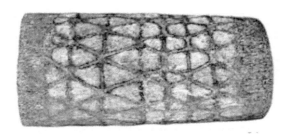

b. Tamboerijnen

De tamboerijn (riqq/tar) is een enkelhoofdig instrument met een diameter van ongeveer 8″ (20 cm), dat bedekt is met vissenhuid- of een geitenhuidmembraan. Het frame is vastgemaakt met tien paar cymbalen die vaststaan in verticale paren van "cymbaalvensters" die symmetrisch uit het frame worden gesneden. De tamboerijn wordt in de linkerhand gehouden door de duim en de vingers, op zo'n manier dat de vingers ook de rand van het frame kunnen aanslaan. De rechterhand manoeuvreert nabij het centrum en ook aan de rand van het membraan. Deze twee posities komen overeen met een lichte trommelslag en een zware slag en hierdoor zorgen ze voor de vereiste ritmische timing.

De *Daff (Duff)* is zoals de riqq/tar een tamboerijn. Dit instrument heeft echter een grotere diameter – ongeveer 12″ (30 cm) – en een ondieper frame. Het wordt niet gebruikt om ritmische timing (*wazn*) patronen uit te voeren.

Voorbeelden van Oude Egyptische membranofooninstrumenten zijn onder andere:

- Een fragment uit de tempel van de Zon van Ne-user-re, in de buurt van Abusir [ca. 2700 BCE, nu in het München museum], toont het bovenaanzicht van een grote trommel.

- Een 4000 jaar oude cilindrische trommel [nu in het Caïro Museum], die in goede staat gevonden werd in een tombe in Beni-Hasan. Het is 65 cm (25,6 inch) lang en 29 cm (11,4 inch) breed en heeft een netwerk van riemen met een tourniquet om de leerhuiden uit te strekken. Beide trommelvliezen waren stevig vastgemaakt in een kruispositie, wat hen stevig naar elkaar trok.

- Een aantal drummers begeleiden de Apet festivalprocessie, afgebeeld in de Tempel van Luxor, vanaf de tijd van Toet-Anch-Amon [1361-1352 BCE].

- Een goed bewaard gebleven drum [dateert uit de 18de dynastie, nu in het Cairo Museum cat. # 69355] heeft dezelfde afmetingen als de trommel van de Beni-Hasan tombe [Eerder getoond hierboven], maar het lichaam van de trommel is gemaakt uit brons.

- Een vierkante trommel is afgebeeld op een muurschildering

in de tombe van Rekhmire [van Luxor (Thebe), Tombe 100, dateert uit de eerste helft van de 15de eeuw BCE].

- Er zijn verschillende andere trommels in vele musea over de hele wereld [zoals het Metropolitan Museum van Kunst in New York en het Louvre in Parijs], die zijn vastgemaakt op dezelfde manier als hierboven genoemd bij het Caïro Museum.

- Kleine lijsttrommels (riqq/tar) uit het Nieuwe Rijk werden gevonden. De meeste van hen waren rond, maar sommigen hadden vier concave zijden.

- Sommige exemplaren van de Egyptische ronde lijsttrommels kunnen worden gezien in verschillende museums.

4.2 NIET-MEMBRANOFOON (IDIOFOON) INSTRUMENTEN

a. Percussiestokken

Percussiestokken worden beschouwd als een soort klepper. Ze werden nauwkeurig afgebeeld op Oude Egyptische vazen die vóór 3000 BCE zijn gemaakt. Percussiestokken bestaan uit twee stokken, ofwel hield men één stok per hand ofwel hield men beide stokken in één hand. De stokken werden tegen elkaar geslagen door de spelers.

Er zijn scènes te zien van het spelen met percussiestokken in de Oude Egyptische tombes, als onderdeel van rituele dansen tijdens de oogst. In een Oude Egyptische tombe van ongeveer 2700 BCE, wordt er een representatie van een groep boeren getoond die de stokken tegen elkaar slaan, terwijl ze vooruitwandelen met lange, rustige stappen, typerend voor vruchtbaarheidsriten in een rituele dans.

Vergelijkbare presentaties zijn te vinden in andere graven van het Oude Koninkrijk, zoals een reliëf van de tombe van Neferirtenef, Saqqara [nu in het Koninklijke Museum voor Kunst en Geschiedenis in Brussel].

Percussiestokken werden ook bespeeld tijdens het persen van de druiven, zoals afgebeeld in verschillende graven.

Op dit moment weten we dat er vier soortgelijke taferelen zijn. In elk van hen, zien we twee musici die tegenover elkaar knielen, omringd door een ovale contour, elk met twee stukken hout in hun handen. Een duidelijk voorbeeld is afgebeeld op een muurreliëf van het graf van Mereruka (Saqqara, Oude Koninkrijk). Terwijl de wijnboeren de druiven persen met hun voeten, slaan twee andere mannen het ritme met hun stokken, ze hebben één stok in elke hand.

b. Kleppers

De Oude Egyptische kleppers werden gebruikt bij allerlei soorten gelegenheden. Kleppers werden/worden vaak gebruikt om de muziek en de dans te reguleren. Ze varieerden enigszins in vorm. Sommigen werden gemaakt van hout, beenderen, ivoor of schelpen, anderen werden gemaakt van messing (of een sonoor metaal).

Sommigen hebben een rechte steel, bekroond met een hoofd of andere decoraties. Soms is het handvat licht gebogen en dubbel, met twee hoofden aan het bovenste uiteinde. De klepperhoofden werden uitgesneden in de vorm van dierlijke presentaties, valkhoofden, bebaarde mannen, lotusbloemen, gazellen, koeienhoofden. Velen zijn versierd met het hoofd van Hathor. Honderden zulke kleppers werden gevonden in de Oude Egyptische tombes.

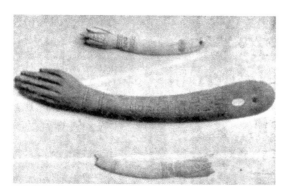

De performer hield een klepper in elke hand en het geluid was afhankelijk van hun grootte en het materiaal waarvan ze gemaakt waren. Voorbeeldrepresentaties zijn onder andere:

- Ivoren kleppers, uit de 1ste of 2de Dynastie [nu in het Caïro Museum, cat. # 69457 en 69250].

- Een paar ivoren kleppers in de vorm van menselijke handen, die teruggaan tot de 18de dynastie [nu in het Metropolitan Museum in New York].

- Twee ivoren kleppers [nu in het Caïro Museum, cat. # 69234 en 69235].

- Rechte ivoor kleppers in de vorm van een hand [nu in het Caïro Museum, cat. # 69206].

c. Sistrums/Sistra

De Oude Egyptische sistrum wat de heilige instrument bij uitstek en behoorde tot de tempeldienst.

Het had in het algemeen 3 tot 4 staven en het hele instrument was 20, 40, 47 cm (8,16 of 18 inches) lang, geheel uit messing of brons. Het was soms ingelegd met zilver, of verguld, of op een andere wijze versierd. Het werd rechtop gehouden en geschud, de ringen bewogen heen en weer op de staven. De staven van het sistrum werden vaak gemaakt naar het beeld van de aspis (Egyptische cobra), of waren gewoon gebogen aan elk uiteinde om ze vast te zetten.

Het was een groot voorrecht om de heilige sistrum vast te houden in de tempel. Dit was weggelegd voor koninginnen en die edele dames die de voorname titel van de vrouw van Amon hadden en waren gewijd aan de dienst van de godheid.

Talrijke representaties van sistra werden afgebeeld doorheen de Egyptische dynastieke geschiedenis. Een groot aantal van de Oude Egyptische sistra werden gevonden en zijn nu te zien in musea over de hele wereld.

d. Cymbalen

De Egyptische cymbalen zijn gemaakt van koper of zilver of gemengd koper. Ze varieerden in diameter van 14 tot 18 cm (5½ tot 7 inch) en werden net als moderne instrumenten gevormd, zelfs de schotelachtige depressie in het midden komt overeen.

Er werden veel cymbalen gevonden in de Oude Egyptische tombes en deze zijn nu verspreid in musea over de hele wereld. De bewaarde objecten [in het Metropolitan Museum of Art in New York] hebben twee verschillende afmetingen: 12 en 18 cm (5 en 7 inch) in diameter.

e. Castagnetten

Kleine vingertopparen van cymbalen werden ook gebruikt in het Oude Egypte. In latere eeuwen werden deze door de Egyptische immigranten meegenomen naar Spanje waar ze bekend raakten als castagnetten omdat ze uit kastanjes vervaardigd werden (castaña).

Deze kleine cymbalen, 5-7,5 cm (2″ tot 3″) in diameter, worden tot op de dag van vandaag bespeeld tussen duim en middelvinger. Castagnetten – zogenaamde crotala – worden gebruikt in paren, en worden samengeslagen tijdens het dansen. De term castagnetten wordt hier in de engere zin van kleppers gebruikt, de opvallende profielen die uitgehold zijn om een volledigere resonantie te hebben.

Egyptische castagnetten komen voor in twee vormen: 1) quasi gevormd zoals een kleine houten boot, gehalveerd in de lengte en groeven in het beengedeelte, terwijl het toelopende voetdeel diende als de handgreep; 2) Bijna de vorm van moderne Spaanse Castañuelas, maar het is minder plat en leek op de kastanje, castaña, waarnaar hij werd vernoemd.

Verschillende Egyptische castagnetten werden gevonden in Oude Egyptische tombes en zijn nu verspreid over de musea en particuliere collecties over de hele wereld.

De religieuze betekenis van castagnetten is te zien in de muzikale scène van de vier muzikanten met castagnetten, afgebeeld in de Apet processie aan de Luxor Tempel, uit de tijd van Toet-Anch-Amon [c. 1360 BCE].

f. Klokken (Klokkenspel)

Verschillende soorten Oude Egyptische klokken bleken zorgvuldig in doeken te zijn gewikkeld, voordat ze in de tombes werden geplaatst. Een groot aantal van deze klokken zijn nu te vinden in het Egyptisch Museum van Caïro. De geluiden van een aantal van hen werden getest, waardoor het werd bewezen dat ze een vrij uitgebreid bereik van geluid en toonhoogtes hadden. Ze varieerden in gewicht, om de verschillende muzikale verhoudingen te voorzien van 9:8 voor een hele noot, 3:2 voor de Kwint, enzovoort.

Klokken werden hoofdzakelijk gemaakt van brons, maar waren zo nu en dan gemaakt van goud of zilver. Ze kwamen voor in verschillende vormen. Sommigen hebben de vorm van klokken met een gekartelde mond, wat een bloemkelk voorstelt – samen met heel veel verschillende types.

Het hebben van een groot aantal, Oude Egyptische klokmallen [nu in het Caïro Museum, cat. # 32315a, b] biedt goed bewijs van de metaalgieterij in het Oude Egypte. Het instroomgat voor het vloeibare metaal is duidelijk te zien.

De chemische analyse van de typische Oude Egyptische klok bleek te bestaan uit 82,4% koper, 16,4% tin en 1,2% lood.

Klokken hadden/hebben een religieuze en functionele betekenis in Egypte. Klokken werden gedragen door de tempelpriesters tijdens de tempelrituelen. Klokken werden ook gebruikt in de Oude Egyptische festivals voor Osiris.

Klokken werden gebruikt als amulet om mensen te beschermen tegen boze geesten. Klokken werden opgehangen aan de deur zodat binnenkomende mensen hem konden rinkelen – niet om de eigenaar te waarschuwen – maar om het huis en de beller te beschermen tegen de demonen die onder de drempel op de loer liggen.

Enkele andere voorstellingen van Oude Egyptische klokken zijn onder meer:

- Dieren met klokken op een pre-dynastieke vaas, Negadah I Periode.
- Vijftien klokken zijn nu aanwezig in het British Museum.
- Kleine klokken uit het Nieuwe Koninkrijk tijdperk [nu in het Caïro Museum, cat. # 69594].
- Scènes van het binnenste gedeelte van de tempel van Het-Heru (Hathor) in Dendera, tonen de priesters die sieraden gevormd als klokken dragen, die vastgemaakt waren aan hun outfits, hun voetarmbanden of op hun sandalen. Nogmaals, de ware functie van het belletje is als amulet, dat de kwade krachten afwendt, het beschermt de priesters in de aanwezigheid van de goden.
- Veel Oude Egyptische kettingen van goud en zilver bestaan uit klokvormen, zoals getoond in diverse musea.

g. Xylofoon en Glockenspiel

Er is een Egyptisch instrument dat wordt getoond als een aanvulling op de lier, in een Oude Egyptisch tombe. Het instrument bestaat uit een reeks van metalen staven of houten platen, gerangschikt volgens een bepaalde volgorde van de intervallen. Het lijkt een soort dulcimer te zijn. Of, nog waarschijnlijker, het kan een harmonicon zijn.

4.3 LICHAAMSDELEN (HANDEN, VINGERS, DIJEN, VOETEN, ENZ.)

Het klappen van de handen en stampen van de voeten veranderde bij de Egyptenaren reeds op een vroeg tijdstip in een fijnzinnige, dynamische en gevarieerde manier van meningsuiting, en kreeg dus een extra betekenis in Egypte, waar het een hoge kunstvorm werd in hun muziekcultuur.

Het Egyptische klappen, voetstampen en vingerknippen bestond uit ritmische beats, met eenvoudige of ingewikkelde ritmes, tonaal genuanceerd en dynamisch evenwichtig. De tonale verschillen werden op dezelfde manier geproduceerd als in Spanje met de palmas sordas of palmas brillantes, d.w.z. met holle of platte handen. Bovendien bestonden reeds sinds de oertijd alle mogelijke andere vormen van lichaamsbeats.

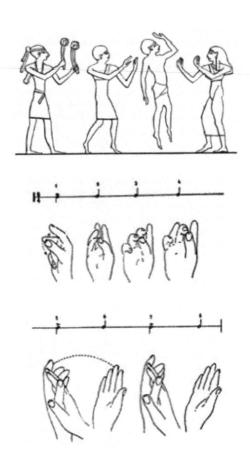

Handklappen door twee groepen [zoals hierboven getoond] kwam voor tussen mannen en vrouwen of twee mannengroepen of twee vrouwengroepen. Twee ritmische, begeleidende patronen worden gespeeld (zeg 12 beats en acht beats voor de eerste en de tweede groep). Het handklappen geeft de fundamentele ritmische beats aan totdat er een ritmische structuur met een bepaalde dichtheid wordt gecreëerd door het samenspel van de klappatronen uitgevoerd door de twee groepen.

Twee groepen van vrouwen worden getoond terwijl ze ritmisch in de handen klappen bij het Sed festival, bij de tombe van Kheruef, Luxor (Thebe), 18de dynastie (15de eeuw BCE).

Deze vorm van muziekproductie werd beschouwd als zijnde van hemelse aard. Men vindt de volgende passage [§§1972, 1975b] van de Unas Transformationele (zogenaamde Piramide) Teksten, die dateren van rond 2350 BCE. De passage beschrijft de muzen die de succesvolle herrijzenis en aankomst van Unas (24ste eeuw BCE) in een hoger rijk vieren.

De dubbele deuren van de hemel zijn open... .De Zielen van Boeto dansen voor u, ze klappen in hun handen voor u, ze laten hun haar los voor u, ze sloegen op hun dij voor u. Ze zeggen aan u, Osiris N: 'Gij zijt gegaan, gij zijt gekomen, gij slaapt, gij zijt wakker, gij landt, gij leeft.'

>> Verschillende foto's ter ondersteuning van de tekst van dit hoofdstuk zijn te vinden in de digitale editie van dit boek, zoals gepubliceerd in PDF- en E-bookformaten.

Hoofdstuk 5 : De Muzikale Optredens

5.1 DE HARMONISCHE MERIT HAND

Merit is de naam van een Oude Egyptische netert (godin), die wordt beschouwd als de personificatie van muziek.

De hoofdfunctie van Merit was het vestigen van de kosmische orde door middel van haar gebaren, en dus is Merit de kosmische dirigent/maestro, die de noten en de stroom van muzikale optredens bepaalt.

Dit begrip van de rol van de hand in het Oude Egypte zorgde ervoor dat Plato muziek zelf definieerde als "**de kunst van het begeleiden van de zangers van een koraal**". De Grieken hebben hun handsignalen toegeschreven aan de Oude Egyptische muziekpraktijk.

De hand van Merit is het universele symbool van actie. Muzikaal, controleren de vingers het geluid dat uit de muziekinstrumenten. De vingerzetting bepaalt de tonen. Dus vingers zijn de meest logische manier om muziek uit te drukken, te schrijven en aan te leren.

In het Oude (net als het hedendaagse) Egypte zijn tonen, snaren, toonladders en melodieën allen verwant en dus worden ze uitgedrukt door een bepaalde vinger, *asba* (meervoud: *asabi*). In Egypte (Oude en Baladi) is deze conventionele "vingerbeweging" alles wat nodig is om de verschillende modi te identificeren. In de vroege jaren van het post-Islam tijdperk (na 640 CE), gebruikten de gearabiseerde landen dezelfde Egyptische vingeruitdrukkingen. Na een paar eeuwen, begonnen ze een andere term te gebruiken – *maqam* – voor een modus.

Oude Egyptische tombes en tempels leveren verschillende series van choreografische, ritmische en melodische handsignalen op, die overeenkomen met bepaalde signalen van de chironomiden. De tonen worden door verschillende posities van de armen en vingers (wijsvinger tegen de duim, de uitgestrekte hand, etc.) voorgesteld, wat resulteert in een absolute overeenstemming tussen toonsveranderingen van het Oude Egyptische muzikale systeem en de handsignalen.

De chironomiden staan aan het hoofd van het musical ensemble en bepalen, door een reeks van gebaren, de toonhoogte en intervallen waarop de muzikanten hun optreden baseren. De details van dit onderzoek worden gerapporteerd in een speciale studie [H. Hickmann, **The Chironomy in Ancient Egypt**, Magazine of Egyptian Language and the Antique 83, 2, 1958.].

Symfonische en polyfonische variaties zijn afgebeeld in muzikale scènes van Oude Egyptische gebouwen uit het Oude Koninkrijk (4500 jaar geleden), met een regisseur die het totale ensemble door middel van zichtbare gebaren begeleidt. Eén of meer chironomiden zijn afgebeeld om de aard van het optreden aan te duiden. Het moet worden opgemerkt dat het afbeelden van meer dan één chironomiden voor één instrument symbolisch is voor de beoogde actie – in de Oude Egyptische artistieke representatie. Egyptische Chironomiden leidden de muzikanten via in principe drie verschillende manieren, om enkele, dubbele en driedubbele tonaliteiten te verkrijgen, en wel als volgt:

1. De chironomiden geven identieke handsignalen aan,

dus de muzikant(en) speelt/spelen in koor.

2. De chironomiden geven verschillende handsignalen aan, dus de muzikanten spelen een akkoord. Het volgende zijn twee voorbeelden:

a. In de tombe van Ti [Saqqara, Oude Koninkrijk] zijn er slechts twee afgebeelde Chironomiden die verschillende handsignalen voor één instrument (harp) geven – dit staat voor twee verschillende geluiden, d.w.z. ze tonen een voorbeeld van polyfonie.

Deze afbeelding van twee chironomiden is indicatief voor dubbele tonaliteit – die ofwel opeenvolgend of gelijktijdig zou kunnen zijn.

b. Het spelen van een akkoord met drie verschillende tonen is afgebeeld [hieronder] in de tombe van Nencheftka [5de Dynastie, Saqqara, nu in Caïro Museum]. Drie verschillende handsignalen worden weergegeven door de afgebeelde Chironomiden.

Een ander voorbeeld van polyfonie uit drie verschillende tonen wordt getoond in een muzikale scène uit een reliëf van de tombe van Nekauhor [Saqqara, 5de Dynastie, op dit moment in het Metropolitan Museum of Art in New York].

5.2 DE GESCHREVEN GELUIDEN

De Oude Egyptenaren waren zeer letterlijke mensen die alle aspecten van hun beschaving documenteerden – in geschreven vorm. Daarom zou het dus niet als een verrassing moeten komen dat ze ook hun muzikale klanken neergeschreven op dezelfde manier als hun spraakklanken (taal). Voor de Oude Egyptenaren, waren muziek en taal twee kanten van dezelfde medaille. De geschreven symbolen (letters) zijn sonische foto's, d.w.z. elke gesproken letter heeft een specifieke trilling (toon), net als het muzikale alfabet.

De Oude Egyptische taal is ideaal voor het muzikale schrijven, omdat de symbolen (letters) in elke richting kunnen worden geschreven en hun volgorde kan dus worden omgekeerd als een toonladder – op en neer, rechts-links of visa versa.

Plato erkende dat de Oude Egyptenaren hun muzikale deuntjes neerschreven, in zijn *Laws* [656-7]:

. . .houdingen en melodieën die aangenaam harmonisch zijn.
Deze schreven ze [de Egyptenaren] neer in detail en plaatsten
ze in de tempels. . .

Alle vroege Griekse en Romeinse schrijvers bevestigden dat er in principe twee vormen van Oude Egyptische geschriften waren – picturaal en op alfabetisch. Er waren verschillende modi van de alfabetische geschriften, afhankelijk van het onderwerp en het doel van het schrijven. We zullen onze aandacht hier richten op de vormen in verband met muziek en het vocale, muzikale thema – poëzie, gezang, etc.

François Joseph Fétis, een begaafd musicoloog, ontdekte dat de herkomst van de Griekse notatiesymbolen de demotische vorm van het Oude Egyptische schrift is.

F. J. Fétis stelt in zijn *Biografie Universelle des Musiciens et Bibliographie Générale de la Musique* [Brussel, 1837, boekdeel I, blz. LXXI.]

'Ik heb niet de minste twijfel dat deze muzikale notatie
[gebruikt in de kerkelijke muziek van de moderne Grieken]
uit het Oude Egypte komt. Ik toon ter ondersteuning van mijn
mening, de gelijkenis van de tekens in deze notatie, ten
onrechte toegeschreven aan de heilige Johannes van Damascus,
en die van de demotische, of populaire karakters van de Oude
Egyptenaren. . .''

M. Fétis ging verder door te wijzen naar de gelijkenis die bestaat tussen talrijke symbolen toegeschreven aan de Grieken om de duur van noten te bepalen, en bepaalde karakters van de Egyptische, demotische symbolen, in een lange en gedetailleerde analyse [lees meer over de delen van de Engelse vertaling van de tekst van M. Fétis in het boek van Carl Engel, *The Music of the*

Most Ancient Nations, pagina's 271-2], M. Fétis aarzelde niet om te concluderen:

> *"Na deze gedetailleerde analyse van het systeem van notatie gebruikt in de muziek van de Griekse kerk, en na het vergelijken van zijn signalen met die van de demotische karakters gebruikt door de Egyptenaren, kunnen we voor een moment twijfelen dat de uitvinding van deze notatie moet worden toegeschreven aan de oude mensen [de Egyptenaren], en niet aan de heilige Johannes van Damascus. . ."*

De gedetailleerde analyse en conclusie van M. Fétis bewijzen zonder twijfel dat de Grieken hun muzikale notatie ontleenden van de Egyptische, demotische symbolen.

Een andere musicoloog, nl. Charles Burney [zie bibliografie], merkte op dat een inventaris van de beschikbare notaties tonen dat de Oude Egyptenaren meer dan 120 verschillende karakters voor alleen geluid gebruikten. Wanneer er rekening wordt gehouden met de tijd (of tempo) variatie, zoals het relateert aan de verschillende modi en genera, werd de geluidcharacters vermenigvuldigd tot meer dan 1620. Burney beschreef dit enorme getal als voornamelijk bestaande uit lijnen, krommen, haken, rechte en scherpe hoeken en andere eenvoudige figuren, geplaatst in verschillende posities, een vorm van wat hij beschreef als een *"verminkt buitenlands alfabet".* De symbolen van het zogenaamde **"verminkt buitenlands alfabet"** zijn eigenlijk de Oude Egyptische, demotisch symbolen, zoals opgemerkt door M. Fétis.

In tegenstelling tot het hedendaagse Westerse notatiesysteem, dat bestaat uit omslachtig abstracten die moesten worden onthouden zonder na te denken, is het, ECHTER, gemakkelijker om het Oude Egyptische notatiesysteem aan te leren en te volgen, omdat het consistent is met hun taal.

Een gedetailleerde analyse van de muzikale geschreven vormen in het Oude Egypte zijn te vinden in het boek: *The Enduring Ancient Egyptian Musical System* door Moustafa Gadalla.

5.3 HET RITMISCHE TEMPO

Plato getuigde (in *Philebus* 18-b, c, d) dat het Oude Egypte drie elementen had geïdentificeerd die deel uitmaakten van een geordende geluidstroom (normale toonhoogte, lawaai en demping). Deze drie categorieën stellen ons in staat om de duur van elk geluid, evenals de rusttijd (stilte) tussen opeenvolgende geluiden te identificeren.

Muziek, zoals taal, wordt gelezen in patronen, niet afzonderlijke eenheden, d.w.z. we lezen woorden, niet letters. Het begrijpen van muziek/woorden/zinnen is afhankelijk van sensatie en geheugen; want we moeten niet alleen het geluid voelen op het moment dat het instrument aangeslagen is, maar we moeten ons ook herinneren wat al aangeslagen is, om het te kunnen vergelijken met elkaar. Het tijdselement dat opeenvolgende tonen van elkaar scheidt, is de organiserende factor in het horen, voelen en begrijpen van de intentie van muziek of gesproken woorden/zinnen.

Het emotionele effect van muziek hangt grotendeels af van het type van ritme dat werd gebruikt. Ritme betekent stroom: een beweging die piekt en verdwijnt in intensiteit. De stroom van ritme neemt vele vormen aan in muziek. Een groot deel van de kleur en persoonlijkheid van de muziek komt voort uit het ritme. Dit kan het contrast zijn van sterke en zwakke impulsen, lange en korte notenwaarden, lage en hoge toon, langzaam of snel, even of oneven, met frequente of niet-frequente accenten. De combinatie van deze elementen bepaalt het karakter van het ritme.

Het onderhouden van een specifiek ritme was/is zeer belangrijk, aangezien de strikte vereniging van poëzie en muziek tussen de

Oude en de Baladi Egyptenaren bijna onlosmakelijk verbonden lijkt. Hierdoor vernietigt elke afwijking van het bepaalde tempo of ritme niet enkel de schoonheid van de poëzie, maar soms zelfs de betekenis van de woorden waaruit het was samengesteld. Een verandering in de klinkeruitspraak verandert het in een ander geluid – andere klinker – en dus een ander woord.

Het tempo van de muziek slaan is behoorlijk belangrijk, want als een muzikant (niet een percussionist) uit de maat is, klinkt de muziek niet juist en heeft men de neiging om te stoppen met luisteren en weg te dromen. De maat is de constante pulsatie. Het fungeert als een liniaal waarmee we de duur van een noot en de tijd tussen de noten kunnen meten. De maat slaan kan op de volgende manieren worden bereikt:

1. Muzikanten leren om de maat te houden met behulp van klanknabootsende lettergrepen – zachtjes. De overeenkomst tussen lettergrepen en muzieknoten zorgt ervoor dat deze manier van het houden van de maat heel natuurlijk is. Zingen tot/met muziek volgt hetzelfde patroon, en kan worden bereikt op twee manieren: 1) door gebruik te maken van bepaalde lettergrepen voor de duur van de noot, en/of voor de tijd tussen de noten; 2) of een even of afwisselende herhaling van nummers, door in gedachten te tellen.

Meestal worden twee maten van lettergrepen gebruikt: korte en lange, dat wil zeggen een lange/langere klinker, in een verhouding van 2:1. Deze twee basiselementen worden in talrijke variaties van variabele meters gebruikt – de sequentie van de maten en rusten in elk tijdsegment.

2. Het voetstampen is afgebeeld in Oude Egyptische muzikale scènes [uiterst rechts hieronder getoond], als een methode voor het houden van de maat.

3. In vele muzikale voorstellingen in Oude Egyptische gebouwen, worden muzikanten begeleid door iemand die in zijn handen klapt of klappers gebruikt, zodat de muzikanten de maat kunnen houden.

4. De Egyptenaren gebruikten/gebruiken de drumpatronen van kleine handtrommels, de Darboeka (tabla/darabukkah), de lijsttrommel (riqq of tar) of het paar keteltrommels (naqqarat) om de maat te regelen.

5. Klassieke Egyptische praktijken had twee soorten maten die samen werkten, stil en hoorbaar.

• Stille gebaren werden gebruikt in het Oude Egypte, op verschillende manieren door signalen te geven, zoals: het opheffen van de onderarm, de palm naar boven of naar beneden te draaien, en het strekken of verdubbelen van de vingers; met één hand steekt men de duim en wijsvinger deels uit om een cirkel te vormen en de andere vingers worden stijf gehouden, terwijl de andere hand op het oor of de knie wordt gehouden in een ontspannen houding met de palm omhoog of omlaag. De duim kan omhoog gehouden worden of kan gebogen zijn tegen de wijsvinger.

Bij het uitvoeren van deze bewegingen, wisselen de handen van lid tot lid: met de rechterhand; de linkerhand, en beide handen.

De vingers wisselen ook af. In de 2/4de maat werden de vier delen van een periode aangeduid door eerst met de pink te wijzen en achtereenvolgens de ringvinger, middelvinger en wijsvinger toe te voegen.

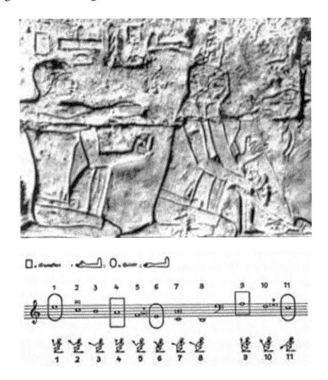

• Hoorbare maten werden ook voorzien door met de vingers te knippen; slaan (van de dij) met de rechterhand of de linkerhand; of met beide handen te klappen.

In de tombe van Amenemhet in Luxor (Thebe), gedateerd c. 1500 BCE wordt een dirigent afgebeeld die voor en tegenover de muzikanten staat, terwijl ze de maat stampt met haar rechterhiel en zowel haar duim als wijsvinger knipt.

>> Verschillende foto's ter ondersteuning van de tekst van deze paragraaf zijn te vinden in de digitale editie van dit boek, zoals gepubliceerd in PDF- en E-bookformaten.

5.4 SFEER EN MODI

Wij erkennen allen dat bepaalde muzikale modi ons gelukkig maken, terwijl anderen ons verdrietig maken. De emotionele kracht van verschillende muzikale modi brengt ons in verschillende stemmingen, zoals: uitbundig, geïntoxiceerd, vervoerd, religieus toegewijd, verliefd, speels, grillig, reflectief, ernstig, patriottistisch, verdrietig, verlangend, weemoedig, passioneel, rustig, kalm, vreugdevol, wanhopig, heftige melancholie, mystiek, geagiteerd, enz.

Het is daarom deed de samenstelling van een melodie/modus bepaalde ontwerpcriteria moet volgen, om het gewenste doel te bereiken. Dit feit was als eerste bekend en geïmplementeerd in het Oude Egypte.

In de 4de eeuw voor Christus, gaf Plato aan dat de Ideale Staat zou moeten worden gebouwd op het fundament van de muziek – een goed opgezet systeem, gebaseerd op een theorie van het ethos van de muziek – een theorie van de psycho-fysiologische effecten van muziek op de Staat en op de mens. Plato's aanbeveling was het overnemen van het systeem van het Oude Egypte en de werkwijzen, zoals vermeld in de Verzamelde Dialogen van Plato in *Laws II* [656c-657c]:

ATHENER: Dan is het denkbaar dat overal waar er nu, of hierna, goede wetten van kracht zijn die deze educatieve-speelse functie van de Muzen raken, mannen met poëtische gaven vrij zouden moeten zijn om wat ze willen van ritme, melodie, of dictie te gebruiken die de verbeelding van de componist intrigeert in de handeling van de compositie en dit zouden ze door verzen aan de jongens en rechtschapen burgergemeenschap moeten aanleren, waarbij we het aan het toeval overlaten, of het resultaat nu deugdelijk of ondeugdelijk blijft?

KLEINIAS: Zeker, dat klinkt absoluut niet rationeel.

ATHENER: En toch is dit precies wat ze vrij zijn om daadwerkelijk te doen, kan ik zeggen, in elke gemeenschap, met uitzondering van Egypte.

KLEINIAS: En in Egypte zelf, nu – hoe regelde de wet die zaak daar?

ATHENER: Alleen al het rapport zal u verrassen. Dat volk, zo lijkt het, erkende lang geleden de waarheid die we nu bevestigen, dat poses en melodieën goed moeten zijn, als ze gewoonlijk beoefend worden door de jeugdige generatie van burgers. Dus stelden ze de inventaris van alle standaardtypes op, en plaatsten ze exemplaren van dit in hun tempels.

. . .

ATHENER:. . .in deze kwestie van muziek in Egypte, is het een feit, en een tot nadenken stemmend feit dat het daadwerkelijk mogelijk is gebleken, in zo'n sfeer, om melodieën welke intrinsieke juistheid permanent bij wet tonen, te canoniseren. . . Dus, zoals ik eerder al zei, als we het intrinsieke recht in zulke zaken kunnen zien, in welke mate dan ook, zouden we hen tot wet en systeem zonder argwaan moeten reduceren, aangezien het beroep op het gevoel dat zich toont in het eeuwige verlangen naar nieuwe muzikale sensatie, immers relatief weinig kan doen om de chorische kunst te corrumperen, eens het is ingewijd, door het te bespotten als zijnde uit de mode. In Egypte lijkt het, in ieder geval, dat de corrumperende invloed geenszins krachtig is geweest, maar juist heel erg het omgekeerde.

KLEINIAS: Dat lijkt de toestand van de zaak van uw huidige verhaal.

ATHENER: Dan kunnen we vrijmoedig zeggen dat de juiste manier om muziek en recreaties van de chorische kunst is het te gebruiken op elke lijnen zoals deze? Als we geloven dat het goed met ons gaat, voelen we genot, en, omgekeerd, als we genot voelen, geloven we dat dingen goed met ons gaan.

De bovenstaande teksten uit Plato's Verzamelde Dialogen, laten zien hoe de Grieken het Oude Egypte beschouwden als de enige bron van hun Ideaal Wetten, met betrekking tot muziek (onder andere). De bovenstaande Griekse tekst geeft het volgende toe:

1. Alleen Egypte had klankwetten die melodieën en posities bepaalden.

2. Alleen Egypte had een inventaris van goed ontworpen standaardtype modi/melodieën en de regelgeving waarmee ze worden uitgevoerd – tijd, plaats en gelegenheid.

3. Alleen Egypte hadden hun voorgeschreven Ideale Wetten voor muziek, dans, poëzie, etc. beoefend

Voor meer informatie over de theorie, principes en muziekpraktijk van de Oude (en huidige Baladi) Egyptenaren, lees *The Enduring Ancient Egyptian Musical System* door Moustafa Gadalla.

1

BEGRIPPENLIJST

---

akkoord – Een combinatie van drie of meer tonen die harmonieus klinken.

Baladi – Zie *Standaarden en Terminologie aan het begin van het boek.*

BCE – Before Common Era. Ook als BC aangeduid in andere referenties.

buk-nunu – een Oude Egyptische muzikale eenheid, gelijk aan 7.55 cent, dit is 1/3 van een komma.

CE – Common Era. Ook als AD aangeduid in andere referenties.

cent – een standaardeenheid voor het meten van muzikale intervallen. Een octaaf is gelijk aan 1200 cent.

chironomide – iemand die gebaren maakt met zijn/haar handen—een maestro/dirigent.

chironomie – de kunst van het dirigeren of voorstellen van muziek door gebaren met de vingers, hand(en), en/of arm(en).

diatonisch – Een toonladder bestaande uit 5 hele tonen en 2 halve tonen

enharmoniek – een ¼ stap/noot of minder aanwijzen.

ethos – de uitdrukking van een modus die verbonden is met zijn structuur. Het beschrijft de ethische kracht of morale macht van een modus; zijn mogelijkheid om de ontwikkeling van het karakter en gedrag van de luisteraar te beïnvloeden.

Fret – smalle, zijdelingse randen vastgemaakt over het vingerbord van een snaarinstrument, zoals een gitaar, enz. Om de vingers te leiden.

halftoon – zie **semitoon**.

Harmonie– hetzelfde geluid, geproduceerd door 2 of meer instrumenten of stemmen.

heptatonisch – bestaat uit zeven (hepta) tonen.

interval – kan het volgende betekenen: 1) de ratio van het aantal vibraties tussen twee verschillende tonen. 2) De afstand tussen 2 opeenvolgende muzieknoten. [Zie ook **tonen** en **semitonen**]

komma – een Oude Egyptische muzikale eenheid, gelijk aan 22,64 cent.

Kwart – kan het volgende betekenen: 1) de vierde toon van een oplopende, diatonische schaal of een toon drie graden boven of onder een gegeven toon in zo'n toonladder – subdominant. 2) het interval tussen twee dergelijke tonen, of een combinatie daarvan.

Kwint – kan het volgende betekenen: 1) het natuurlijke geluid van de vijfde toon van een oplopende, diatonische schaal, of een natuurlijke toon vier graden boven of onder een gegeven, natuurlijke klinkende toon in zo'n toonladder – dominant. 2) het interval tussen twee dergelijke natuurlijke klinktonen, of een combinatie daarvan.

Maat – een constante pulsatie. Het werkt als een meeteenheid om de tijd te meten.

meter – opvolging van gelijke beats, gekarakteriseerd door een periodische terugkeer van een sterke beat.

modus – een ritmisch systeem, bestaande uit zijn eigen unieke combinatie van tonen en ritmes, om een specifieke invloed op de luisteraar uit te oefenen. [Zie ook **ethos**.]

Neter/netert – Een goddelijk principe/functie/attribuut van de Ene Grote God. Onjuist vertaald als god/godin.

Noten – in de Westerse muzikale termen, de letters A (La) tot G (Sol) worden gebruikt om noten aan te duiden.

onomatopee – het benoemen van een ding of actie met een vocale imitatie of een geluid daarmee geassocieerd (bv: sissen).

Pentatonisch – een schaal bestaande uit vijf tonen – waarvan drie hele tonen en twee halve tonen zijn – zoals die van de zwarte toetsen op een toetsenbord.

Perfect – De naam gegeven aan bepaalde intervallen – het kwart, kwint en octaaf. De term wordt gebruikt voor deze intervallen in hun natuurlijke geluiden (niet "getemperd").

polyphony – the simultaneous sounding of different notes; the sounding of two or more different melodies simultaneously.

Semitoon – De intervallen tussen B (Si) en C (Do), en tussen E (Mi) en F (Fa). [Zie ook toon].

Stap – interval van geluid.

tetrachord – een reeks van vier tonen bestaande uit een total interval van een Perfect Kwart; half een octaaf.

timbre – de kwaliteit of klankkleur van aangeroepen geluid. Het onderscheidt de verschillende stemmen of instrumenten van elkaar.

Tonaliteit – de relatie tussen muzikale geluiden of tonen, rekening houdend met hun trillingsrelaties en hun waardering door het oor. Een systematische muzikale structuur.

Toon – De combinatie van toonhoogte, intensiteit (luidheid) en kwaliteit (timbre). Het interval tussen elk van de noten is een toon, behalve tussen B (Si) en C (Do), en tussen E (Mi) en F (Fa), waarbij het interval in elke geval een halve toon is.

toonhoogte – de positie van een toon in een muzikale toonladder, bepaald door de frequentie van trillen en gemeten door cyclussen per seconde.

Toonladder – Elke reeks van acht tonen naar het octaaf – een arrangement met een stapsgewijze stijgende of dalende toonhoogte, die bestaat uit een gegeven patroon van intervallen (de verschillen in toonhoogte tussen de noten).

2

GESELECTEERDE BIBLIOGRAFIE

Burney, Charles. *A General History of Music*, 2 volumes. New York, 1935.

Engel, Carl. *The Music of The Most Ancient Nations*. Londen, 1929.

Erlanger, Baron Rodolphe. *La Musique Arabe*. Parijs, 1930.

Erman, Adolf. *Life in Ancient Egypt*. New York, 1971.

Farmer, H.G. *The Sources of Arabian Music*. Leiden, 1965.

Farmer, H.G. *Historical Facts for the Arabian Music Influence*. New York, 1971.

Fétis, François Joseph. *Biographie Universelle des Musiciens et Bibliographie Générale de la Musique*. (*Universal Biography of Musicians*). Brussel, 1837.

Gadalla, Moustafa. *Egyptian Cosmology: The Animated Universe*. VSA, 2001.

Gadalla, Moustafa. *Egyptian Harmony: The Visual Music*. VSA, 2000.

Gadalla, Moustafa. *Egyptian Rhythm: The Heavenly Melodies*. VSA, 2002.

Haïk-Vantoura, Suzanne. *The Music of the Bible Revealed*. Vert. door Dennis Weber/Ed. by John Wheeler. Berkeley, CA, 1991.

Herodotus. *The Histories*. Tr. By Aubrey DeSelincourt. Londen, 1996.

Hickmann, Hans. *Musikgeschichte in Bildern: Ägypten*. Leipzig, Duitsland, 1961.

Hickmann, Hans. *Orientalische Musik*. Leiden, 1970.

Levy, Ernst and Siegmund LeVarie. *Music Morphology – A discourse and dictionary*. Kent, Ohio, VSA, 1983.

Levy, Ernst and Siegmund LeVarie. *Tone: A Study in Musical Acoustics*. Kent, Ohio, VSA, 1980.

Manniche, Lise. *Music and Musicians in Ancient Egypt*. Londen, 1991.

Plato. *The Collected Dialogues of Plato including the Letters*. Edited by E. Hamilton & H. Cairns. New York, VSA, 1961.

Polin, Claire C. J. *Music of the Ancient Near East*. New York, 1954.

Sachs, Curt. *The History of Musical Instruments*. New York, 1940.

Sachs, Curt. *The Rise of Music in the Ancient World*. New York, 1943.

Sachs, Curt. *The Wellsprings of Music*. Den Haag, Holland, 1962.

Siculus, *Diodorus*. Vol 1. Tr. by C.H. Oldfather. Londen, 1964.

Stanford, C.V. and Forsyth, Cecil. *A History of Music*. New York, 1925.

Touma, H.H. *The Music of the Arabs*. Portland, Oregon, VSA, 1996.

Wilkinson, J. Gardner. *The Ancient Egyptians: Their Life and Customs*. Londen, 1988.

Verschillende referenties in het Arabisch.

3

BRONNEN EN BEMERKINGEN

Er wordt enkel verwezen naar de bronnen in het vorige hoofdstuk, Geselecteerde Bibliografie, voor het controleren van feiten, gebeurtenissen en data – niet voor hun interpretaties van dergelijke informatie.

Het moet opgemerkt worden dat indien er een verwijzing is naar een van de boeken van de auteur, Moustafa Gadalla, elk van deze boeken ook een annex heeft met zijn eigen, uitgebreide bibliografie en gedetailleerde bronnen en bemerkingen.

Hoofdstuk 1: De Weelde van Instrumenten

Toonhoogtes en Toonladders: Sachs (History of Musical Instruments, Rise of Music), Hickmann (Musikgeschichte in Bildern: Ägypten, Orientalische Musik)

Muzikanten in het Oude Egypte: Hickmann (Musikgeschichte in Bildern: Ägypten, Orientalische Musik), Wilkinson, Gadalla (Historical Deception, Egyptian Cosmology), Burney, Diodorus, Blackman

Muzikaal Orkest: Wilkinson, Hickmann (Musikgeschichte in Bildern: Ägypten, Orientalische Musik)

Andere Items: Gadalla (Egyptian Cosmology, Egyptian Harmony), Herodotus, Plato, Blackman, Gadalla als een autochtone Egyptenaar

Hoofdstuk 2: Snaarinstrumenten

Lieren: Polin, Engel, Wilkinson, Hickmann (Musikgeschichte in Bildern: Ägypten)

Lieren–Bereik: Sachs (History of Musical Instruments), Hickmann (Orientalische Musik, Musikgeschichte in Bildern: Ägypten)

Tri-gonon/Tri-Qanon: Hickmann (Orientalische Musik), Sachs (History of Musical Instruments), Egyptische literatuur in Arabisch

Harpen: Wilkinson, Polin, Hickmann (Musikgeschichte in Bildern: Ägypten) [specifieke voorbeelden in tombes]

Harp Speeltechnieken: Hickmann (Musikgeschichte in Bildern: Ägypten), Sachs (Rise of Music)

Capaciteit van Harpen: Manniche, Engel, Sachs (History of Musical Instruments), Burney

Nekinstrumenten: Engel, Sachs (History of Musical Instruments), Farmer [Arabisch Tijdperk], Erlanger [Arabische Tijdperk], Hickmann (Orientalische Musik, Musik-geschichte in Bildern: Ägypten), Manniche, Polin, Wilkinson

Stempennen: Engel, Polin

2-snarig: Burney (Compass), Hickmann (Musikgeschichte in Bildern: Ägypten) [voorbeelden in tombes]

3-snarig: Engel, Manniche

4-snarig: Engel

Kortnekkig: Hickmann (Musikgeschichte in Bildern: Ägypten), Manniche

Egyptische Gitaren: Hickmann (Musikgeschichte in Bildern: Ägypten), Engel, Wilkinson

Verschillende voorbeelden in Oude Egyptische Tombes: Hickmann (Musikgeschichte in Bildern: Ägypten), Engel, Manniche

Gebogen instrumenten: Hickmann (Musikgeschichte in Bildern: Ägypten), Touma, Wilkinson

Chapter 3: Blaasinstrumenten

Ney: Polin, Hickmann (Musikgeschichte in Bildern: Ägypten), Egyptische literatuur in Arabisch, Sachs (History of Musical Instruments), Wilkinson, Engel

Speeltechnieken: Engel, Sachs (Wellspring), Sachs (History of Musical Instruments), Hickmann (Orientalische Musik)

Voorbeelden in tombes: Hickmann (Musikgeschichte in Bildern: Ägypten)

Dwarsfluit: Hickmann (Musikgeschichte in Bildern: Ägypten), Polin, Wilkinson, Sachs (History of Musical Instruments)

Panfluit: Sachs (History of Musical Instruments), Hickmann (Musikgeschichte in Bildern: Ägypten)

Enkelrietpijp: Wilkinson, Gadalla (Egyptian Rhythm)

Partiële analyse van pijpen in verschillende museums: Sachs (Rise of Music)

Dubbele Pijpen: Stanford/Forsyth, Wilkinson, Hickmann (Musikgeschichte in Bildern: Ägypten), Manniche, Sachs (History of Musical Instruments), Wilkinson, Polin, Sachs (Rise of Music), Hickmann (Orientalische Musik)

De Tweelinghoorns: Polin, Hickmann (Musikgeschichte in Bildern: Ägypten), Sachs (Wellsprings)

Voorbeelden van Hoorns: Hickmann (Musikgeschichte in Bildern: Ägypten)

Hoofdstuk 4: Percussie-instrumenten

Membrano Trommels: Wilkinson, Hickmann (Musikgeschichte in Bildern: Ägypten), Engel, Polin Abusir Drum: Sachs (History of Musical Instruments)

Tambourijn: Wilkinson, Hickmann (Musikgeschichte in Bildern: Ägypten), Touma

Niet-Membrano Stokken: Hickmann (Musikgeschichte in Bildern: Ägypten), Sachs (History of Musical Instruments)

Kleppers: Wilkinson, Hickmann (Musikgeschichte in Bildern: Ägypten), Polin

Sistrums (Sistra): Wilkinson, Hickmann (Musikgeschichte in Bildern: Ägypten)

Cymbalen en Castagnetten: Polin, Hickmann (Musikgeschichte in Bildern: Ägypten), Wilkinson, Sachs (History of Musical Instruments), Stanford/Forsyth

Klokken (Klokkenspel): Sachs (History of Musical Instruments), Polin, Engel Klokken in museums en tombes: Hickmann (Musikgeschichte in Bildern: Ägypten)

Xylofoon: Engel, Wilkinson

Lichaamsdelen: Wilkinson, Hickmann (Musikgeschichte in Bildern: Ägypten), Touma

Chapter 5: Muzikale Optredens

Harmonische Hand: Gadalla (Egyptian Rhythm, Egyptian Harmony), Vantoura, Sachs (Rise of Music), Hickmann (Orientalische Musik), Hickmann (Musikgeschichte in Bildern: Ägypten)

Geschreven Geluiden: Plato, Engel, Fétis, Stanford/ Forsyth, Burney

Ritmisch Tempo: Plato, Moore, Burney, Levy & LeVarie, Sachs (Rise of Music), Gadalla (Egyptian Rhythm), Polin

Sfeer en Modi: Moore, Plato, Gadalla (Egyptian Rhythm)